Y NOS HEMOS
REVESTIDO DE LA
NUEVA NATURALEZA,
QUE SE VA RENOVANDO
EN EL CONOCIMIENTO
A IMAGEN DE NUESTRO
CREADOR
(COL 3:10).

Más que Humanos
Justin Paul Abraham
www.companyofburninghearts.com
Copyright © 2016 de Justin Paul Abraham

Diseño de portada de Oliver Pengilley
www.oliverpengilley.co.uk

Publicado por Seraph Creative en 2016
Estados Unidos, Reino Unido, Sudáfrica, Australia
www.seraphcreative.org

Impresión y presentación por Feline
www.felinegraphics.com

Traducido por María Hurtado

Impreso en los EEUU, el Reino Unido y Sudáfrica, 2016

ISBN 978-0-620-72168-4

MÁS QUE HUMANOS

JUSTIN PAUL ABRAHAM

PUBLICADO POR SERAPH CREATIVE

Traducido por María Hurtado

DEDICATORIA

En honor a

ERIC JOHN DAVIES

1928-2011

que dejó un legado espiritual
a las generaciones futuras

ÍNDICE

PRÓLOGO: EL AMANECER

¿Somos conscientes de lo rápido que está cambiando el mundo?

La inteligencia artificial está cada vez más cerca de alcanzar los niveles de conciencia humana.

La ciencia se está adentrando en el conocimiento cuántico del cosmos multidimensional.

La genética se rastrea y manipula con la intención de forzar cambios en la naturaleza de las especies.

Movimientos radicales barren la tierra trayendo cambios sociales masivos.

Quizás sean los días de mayor cambio en la historia de la humanidad.

La humanidad se está despertando.

Atrás quedó el sueño profundo. La coraza se ha derretido.

Por todas partes se ven las señales de que nuestra especie está destinada a algo mayor.

En palabras del profeta estadounidense Larry Randolph:

"El mundo se acerca rápidamente a una era de conciencia de lo sobrenatural. La adivinación, la comunicación por telepatía, la lectura de las manos, las predicciones de los horóscopos y otras actividades paranormales están experimentando un resurgir de su popularidad."

Nuestras ganas de saber sobre lo que está al otro lado ha generado la presencia de psíquicos y médiums de cierta fama cuyas habilidades se buscan para ver el pasado, predecir el futuro y comunicarse con parientes muertos. Cada día se nos bombardea con información sobre este tipo de incursiones en lo desconocido.

¿Qué nos dice esto? [1]

Creo que nos lleva a la conclusión de que el capitalismo, el ateísmo y el modernismo no han dado la talla. La religión como sistema de control institucionalizado no ha saciado el hambre espiritual. Con muchas más posesiones que cualquier generación anterior, nos sentimos más vacíos que nunca.

Como especie nos estamos removiendo. El clamor que, durante décadas, han levantado los movimientos globales y las casas de oración está viendo respuesta. Los Cielos están respondiendo.

Algo dentro de nosotros nos dice que fuimos creados para algo más. Es como un sueño que rehúsa desvanecerse. Como una vez dijo el escritor profético C. S. Lewis:

"Si dentro de mí encuentro deseos que nada de este mundo pueden satisfacer, la única explicación lógica es que fui creado para pertenecer a otro mundo." [2]

Ese otro mundo que nos está llamando es el mundo al que pertenecemos.

Al principio no era más que un suave susurro resonando en algún lugar de nuestra mente, haciendo apariciones en el subconsciente mientras soñábamos. Ahora es un grito. Un estampido que resuena en las películas de Hollywood en alta definición, en los programas de lo sobrenatural de la televisión, en los libros místicos y en la cultura saturada del espíritu.

El tiempo de la neutralidad en cuanto a lo sobrenatural ha llegado a su fin. (Rick Joyner) [3]

La nube se está moviendo y nos conviene movernos con ella. (Patricia King) [4]

Hay una Voz que nos llama a volver al Diseño Original.

Una Voz que nos saca de nuestra ignorancia y nos lleva a un futuro que se expande más allá de lo que jamás hayamos imaginado. Un futuro sin limitaciones de espacio o tiempo, de la mente o del cuerpo físico.

Un futuro "Más que Humanos."

PRIMERA PARTE:
INTRODUCCION

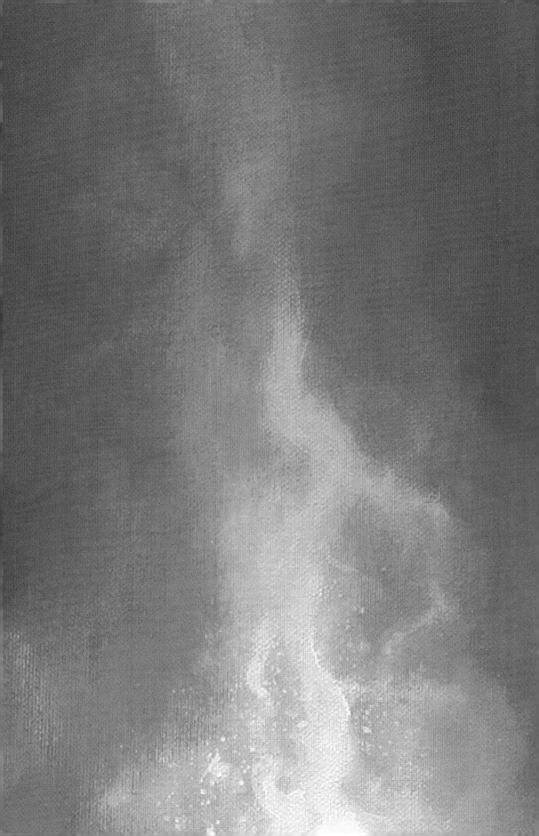

LA COSECHA QUE SE APROXIMA

"Y pasará en los últimos días, dice Dios, que derramaré Mi Espíritu sobre TODA la humanidad...(AMPC) toda carne... (CJB) todo el género humano... concederé mi Espíritu a todo mortal (ERV) (Hch 2:17).

Las nubes de tormenta se están agrupando para el mayor derramamiento jamás visto, una invasión global de gracia abundante que producirá un despertar espiritual por toda la tierra, y la sanidad de las naciones.

Son muchos los profetas que, a lo largo de este último siglo, han predicho los acontecimientos tan extraordinarios que están por ocurrir. Uno de estos profetas es Paul Cain, que lleva años teniendo visiones donde, en estado de trance, ve este futuro como si se abriera una pantalla de cine delante de sus ojos. En estas intensas experiencias espirituales, Paul ha visto a las multitudes llenando los estadios para adorar en éxtasis, a los medios de comunicación informando día y noche sobre señales asombrosas, y ha visto como se cancelaban grandes acontecimientos deportivos para que el despertar pudiera ocupar su lugar. ¡Un avivamiento sin precedentes!

En septiembre de 1987, Rick Joyner (MorningStar Ministries) tuvo una visión panorámica del futuro. En una inusual sucesión de encuentros, Rick vio un derramamiento del Espíritu destinado a eclipsar a todos y cada uno de los avivamientos experimentados a lo largo de la historia. Rick cuenta todo esto en su libro *Visions of the Harvest (Visiones de la Cosecha)*:

"En todas las naciones habrá masas de personas aceptando al Señor. El fluir será tan intenso que, en algunos lugares, los cristianos más nuevos tendrán que pastorear grandes congregaciones de creyentes. Los estadios rebosarán cada noche con los creyentes reunidos para escuchar a maestros y apóstoles.

De forma espontánea, surgirán reuniones que impactarán a ciudades enteras. Los milagros extraordinarios abundarán, mientras que aquellos considerados grandes hoy por hoy serán los milagros realizados por los nuevos creyentes. Las apariciones de ángeles serán muy frecuentes para los santos, y la gloria del Señor se mostrará sobre algunos de ellos durante períodos de tiempo largo, y el poder fluirá a través de ellos.

Esta cosecha será tan grande que nadie volverá la cabeza para considerar a la iglesia primitiva como estándar, sino que dirán que ¡el Señor ha guardado el mejor vino para el final! La iglesia primitiva fue ofrenda de primicias, pero, sin duda ¡ésta es la cosecha!" [1]

La promesa de esta gracia tan abundante sobre una generación resuena con las palabras que el profeta Isaías escribió al ver un futuro glorioso.

"Levántate y resplandece; porque ha venido tu luz, y la gloria de Dios ha amanecido sobre ti... Y andarán las naciones a tu luz, y los reyes al resplandor de tu amanecer. Alza los ojos alrededor y mira... todos acuden a ti. Verás esto y te pondrás radiante de alegría; se maravillará y ensanchará tu corazón (Is 60:1-3, MSG).

Este tsunami de amor empezará con unos pocos, pero conforme gane velocidad y se aferre a la fuerza de la gracia, ¡la ola se hará imparable y su impacto global!

Pero (se acerca la hora cuando) la tierra será LLENA del conocimiento de la gloria del Señor, como las aguas cubren la mar (Hab 2:14, AMP).

TODOS los confines de la tierra se acordarán y se volverán al Señor, y todas las familias de las naciones adorarán delante de Ti (Sal 22:27, KJV).

Me encanta la palabra "TODAS". ¡Ya es hora de que el evangelio retome esa palabra!

Lo que se avecina va más allá de la salvación de las almas, es una reforma total a nivel mundial de la sociedad, la tecnología, la genética, la economía, los estilos de vida y la espiritualidad. Incluso los animales y la naturaleza participarán de esta transformación.

La Tierra misma experimentará alteraciones físicas.

Los leopardos se echarán con los cabritos,

Y los lobos descansarán con los corderos.

Juntos pacerán los terneros y los leones,

y niños pequeños los cuidarán." (Is 11:6, CEV)

Un cambio que afectará a todo el planeta y lo llevará a una frecuencia más alta, una dimensión superior, que alcanzará a todos.

A pesar de todo, de todos los errores, de todos los retrasos… ¡El Amor nunca falla!

LOS HIJOS
KAINOS

El modelo original y el patrón con el que nuestras vidas se diseñaron quedan preservadas en el Hijo. Él es el primogénito de la misma matriz que revela nuestro génesis (Ro 8:29, MIR).

Para poder dar forma al futuro debemos volver al maravilloso evangelio con el asombro de los niños. Las cartas de Pablo no solo están llenas de inspiración, sino de misterios, de sabiduría oculta que debemos entender si queremos avanzar. ¡Llaves pequeñas para puertas enormes!

Al intentar encontrar la palabra que explicara el cambio tan milagroso que Cristo operó en el corazón de la humanidad, Pablo usó el término griego "KAINOS", un vocablo del que me he enamorado.

"Por lo tanto, si alguno ESTÁ en (UNIÓN con) Cristo, es una NUEVA ("KAINOS") creación (2 Co 5:17, TCNT).

"KAINOS" es una palabra muy reveladora, una palabra que nos ayuda a entender la auténtica maravilla del Evangelio y que nos da un marco para poder discernir el destino que nos espera como planeta y como especie.

Parémonos a digerir esto. "KAINOS" no es un simple recambio de algo viejo por algo "nuevo". Esto no es consistente con el evangelio. Cristo no vino simplemente a cambiar a Adán por otra versión nueva de Adán que fuera de la misma naturaleza. ¡Para nada estamos hablando de una versión mejorada de smartphone!

Jesús no vino aquí a traer un recambio para el hombre caído, sino a destruir y acabar con el viejo hombre y empezar una nueva especie con el diseño "KAINOS". Una especie "Más que Humanos", que habitara en unión con lo Divino y con una capacidad ilimitada de crecer.

Según el diccionario bíblico Strong,[1] la palabra "KAINOS" significa:

un nuevo tipo

sin precedente

nuevo

poco común

inaudito

¿Lo habéis visto? ¡Sin precedente! Me encanta. Esto significa:

"sin ejemplo previo, nunca antes conocido o experimentado, sin igual, incomparable" (diccionario.com)

Es, casi, más de lo que podemos asimilar. ¡Éste es el gozo del Evangelio! El mundo nunca antes ha visto algo como nosotros, ni siquiera Adán antes de la caída se puede comparar con lo que estamos llamados a ser. Sí, ¡es todo un misterio! Y sí, ¡todavía hay mucho más! ¡Debemos ser valientes y explorar!

Para entender mejor todo esto, vamos a mirar otra definición y pedirle al Espíritu Santo que abra nuestra capacidad de asombro. Según el diccionario bíblico *Vines*, el término "KAINOS" significa:

"Nuevo en cuanto a forma o cualidad, de naturaleza diferente, en oposición a lo que se considera viejo". [2]

Sé que esto no son más que meras palabras en la página de un libro, pero parémonos a intentar meditar pausadamente en lo que significan. Hay tanta delicia escondida, tantas verdades místicas por descubrir...

Las implicaciones son inmensas, van mucho más allá del típico mensaje de salvación que se predica los domingos con su "billete de entrada al Cielo". "KAINOS" es inmortalidad y eternidad, es una metamorfosis.

Habéis sido regenerados (nacido de nuevo), no de un germen (semilla, esperma) mortal, sino de uno que es inmortal, mediante la palabra de Dios viva y permanente (1 Pe 1:23, AMPC).

"KAINOS" lleva inherente el ADN de Dios. Es una creación completamente NUEVA, que supera con creces e, incluso, llega a eclipsar lo que existía antes. Es un orden que va más allá de las limitaciones de la vida terrenal.

En esta nueva creación hay cosas que ya no importan; como tu nacionalidad, tu etnia, tu educación o tu estatus social, ... todas

estas cosas son insignificantes. ¡Pues es Cristo quien importa y Él vive en cada uno de nosotros! (Col 3:11, PAS).

Una vez libres de las definiciones de la Tierra, ni la nacionalidad, ni el género, ni la genética pueden seguir determinando quienes somos. No podemos permitirnos el continuar percibiéndonos a través de unas lentes antiguas. Como dijo Pablo en 2 Co 5:16:

Así que de ahora en adelante no consideramos a nadie según criterios meramente humanos (KNO).

De manera que nosotros de aquí en adelante a nadie conocemos según la carne (WNT).

Ya no juzgamos a la gente por lo que tienen o por su apariencia... Ahora miramos a su interior, y lo que vemos es que cualquiera que está unido al Mesías empieza de cero, es creado nuevo (MSG).

Puede que sigamos trabajando de lo mismo, tomando el café en el mismo Starbucks, viendo las mismas películas, o, incluso, ¡pidiendo el mismo plato de curry! Pero ya no somos los mismos. Ya podemos dejar de disimular, haciéndonos pasar por algo que no somos, pues la verdad es que estamos inmersos en las profundidades incandescentes de lo Divino.

La propia vida de Cristo se repite en nosotros. Nos manifestamos conjuntamente en la misma felicidad, estamos unidos, hechos uno con Él, y así como su vida revela quienes somos, nuestra vida revela quién es Cristo (Col 3:4, MIR).

¿Os habéis fijado en eso? Hechos uno ... ¡me encanta!

Estamos en un mundo en unión con Cristo, donde están los santos que viven por siempre, con multitud de ángeles y de maravillas indescriptibles. Existimos en una realidad multidimensional donde el tiempo se puede doblar creando nuevas posibilidades. Se nos han dado superpoderes, sabiduría, conocimiento y mucho más. Todo ello pertenece a un mundo en expansión que va más allá de lo que jamás hayamos imaginado.

Si alguno está en Cristo ... está en un MUNDO NUEVO. (BE)

¿Cómo se empieza a caminar en todo esto? Es sencillo. Un niño lo podría entender fácilmente. Es por fe que nos metemos en ello. Creemos que Jesús es La Puerta que nos permite el LIBRE acceso (Jn 10:9). Sabemos que esto es un regalo inmerecido, que no podemos recibir si no es por su gracia. Nos ha hecho justos.

Pero Dios, por su generosidad, nos puso a bien consigo mismo. Esto es un puro regalo. Nos sacó de la penosa condición en la que nos encontrábamos y nos colocó donde siempre quiso que estuviéramos. Y todo esto lo hizo por medio de Jesús (Ro 3:24, MSG).

Dios me hizo vivir juntamente con Cristo. ¿Qué esfuerzo puede realizar un hombre para mejorar esto? Dos condiciones me definen, crucificado juntamente con Cristo y viviendo juntamente con Él. ¡Cristo en mí y yo en Él! (Ga 2:19-20, MIR).

La humanidad ha sido crucificada juntamente con Cristo. Todo está completamente terminado. Ahora vivimos juntamente con Él.

La misteriosa raza "Más que Humanos" está aquí.

CO-MISIÓN MÍSTICA

Haré prodigios arriba en el cielo, y milagros abajo en la Tierra (Hch 2:19, CEV).

¿Está el Evangelio despertando tu corazón? Espero que sí. Espero que estemos expandiéndonos hacia la vida gloriosa que Él preparó para nosotros (Ju 10:10). Una vida de gozo inagotable habiendo recuperado la inocencia.

Jesús es el abrazo de Dios a toda la raza humana. Así que nos regocijamos manteniéndonos firmes en nuestra inocencia recobrada. ¡Somos la manifestación del sueño de Dios hecho realidad! (Ro 5:2, MIR).

En este capítulo quiero ampliar el concepto que presenté en el anterior, que el Evangelio me tiene conquistado. He visto imágenes del futuro y es glorioso.

¡Está viniendo tan rápido! ¡Estamos más cerca de lo que imaginamos!

Hagan todo esto estando conscientes del tiempo en que vivimos. Ya es hora de que despierten del sueño, pues nuestra salvación está ahora más cerca que cuando inicialmente creímos (Ro 13:11-12).

¿Preparados? ¿Listos para la revolución espiritual? Como dice Patricia King:

Quizá, algunas de las cosas que el Señor está a punto de hacer sorprenderán y maravillarán a muchos. Como en otros movimientos revolucionarios del pasado, habrá aquellos que se resistan y endurezcan sus corazones aferrándose a los métodos y paradigmas antiguos. Los cambios suelen ser difíciles porque nos fuerzan a replantearnos opiniones muy consolidadas y a estar dispuestos a salir

de los surcos por los que transcurren los estilos de vida a los que nos hemos acomodado. Sin embargo, a pesar de la resistencia por parte de unos, habrá otros que acogerán esta revolución, se embarcarán con Jesús y le seguirán por territorios inexplorados. Algunas de las cosas que Dios va a manifestar en los días que se aproximan no se han hecho nunca antes, serán cosas que desbordarán nuestra imaginación y desafiarán nuestro intelecto. [1]

¡Ya podemos prepararnos para el estirón! ¡Se nos van a freír los sesos!

Nos va a pasar como en las historias que aparecen en los evangelios. Esto es lo que la gente decía en tiempos de Jesús:

Hoy hemos visto cosas maravillosas

y extrañas,

increíbles e

impensables (Lu 5:26, AMPC).

Es ahí a donde vamos de nuevo. El Espíritu no cesa de decirme: "días de locura".

"¡Haced lo que yo hice y aún cosas mayores!" – sigue insistiendo Jesús. El cielo apuesta por nuestro éxito.

Ciertamente les aseguro que el que cree en mí las obras que yo hago también él las hará, y aun las hará mayores, porque yo vuelvo al Padre. Cualquier cosa que ustedes pidan en mi nombre, yo la haré, así será glorificado el Padre en el Hijo. Si piden algo en mi nombre, yo lo haré (Jn 14:12-14, PHI).

Pensemos en esto por un momento… hacer las cosas que Jesús hizo y aún más.

La Iglesia se ha convertido en experta en enseñar. Tenemos el ministerio profético, las salas de sanidades, la consejería y liberación SOZO. Profetizamos, cuidamos de los pobres, nos involucramos en acciones sociales y predicamos la salvación.

Pero, ¿por qué nos hemos parado ahí? ¿Es que alguien trazó una línea invisible?

Por casi más de dos mil años la Iglesia se ha quedado retenida dentro de los parámetros de la incredulidad. Horas de sermones y metas puestas muy por debajo del auténtico Diseño.

El cambio ha llegado. La expresión actual del cristianismo sufrirá una transformación durante las próximas décadas. Lo que salga de ese proceso no volverá a considerarse irrelevante en el ámbito espiritual.

¿Estamos preparados? Esto es lo que dice Rick Joyner:

Conforme nos acercamos al final de esta era, la batalla entre la luz y las tinieblas se hace más y más sobrenatural. El tiempo cuando era posible mantenerse al margen de lo sobrenatural ha llegado a su fin. [2]

En los próximos capítulos vamos a explorar algunas de las increíbles obras de los hijos "KAINOS" que la Iglesia ha dejado abandonadas. Abre tu capacidad para soñar, motiva tu corazón para experimentar y despierta tu deseo de tener una vida de máxima satisfacción personal.

Paso a paso iremos examinando los diferentes elementos de la nueva creación. Cubriremos temas como el moverse de una dimensión a otra, la vida más allá de la comida o del sueño, la ciencia infusa, la visión remota, el caminar con ángeles, las transportaciones milagrosas y otros más.

En este volumen no vamos a tratar todas las posibilidades porque eso sería material para un libro ENORME. De momento, he decidido dejarlo en esto, aunque, a lo mejor, en futuras ediciones añada temas nuevos a la lista.

En cada capítulo he intentado enseñar basándome en tres pilares, Jesús como modelo original, los santos como ejemplos a seguir, y las historias de personas con vidas de integridad. Espero que esto te ayude a confiar en la autenticidad de lo que he escrito.

Los capítulos se pueden leer por separado y meditar en ellos, o se pueden agrupar por temas. El caso es que uno puede saltar por el libro según le venga mejor.

No es un libro perfecto, sé que se le pueden dar algunos retoques en ediciones futuras, sin embargo, está escrito con pasión y corazón. Está escrito desde la intimidad con Jesús.

Espero que el lector lo disfrute.

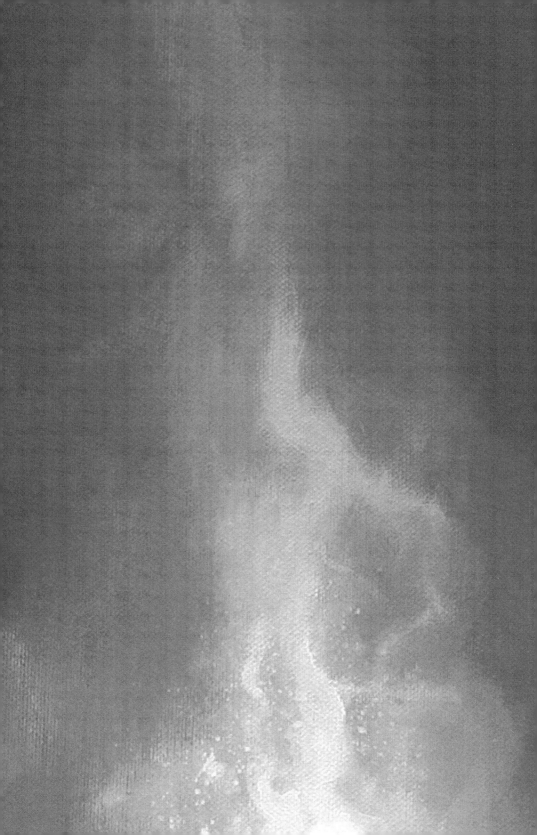

SEGUNDA PARTE:
MÁS QUE HUMANOS

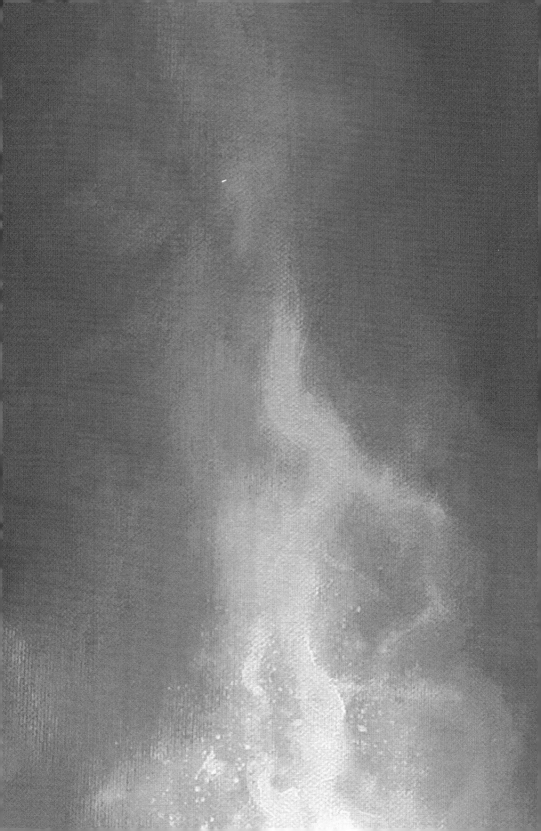

CONECTADOS A SIÓN

"Debemos forjar el futuro desde lo invisible" Paul Keith Davies. [1]

¿Alguien ha visto *Matrix*, la película? Si es que no, ¡hacedlo! Realmente recomiendo esa película porque, en mi opinión, da una visión profética de lo que es la Ecclesia.

Matrix es una parábola sobre las realidades de la nueva creación. Desborda revelación en temas como la derrota del sistema, alteraciones en el mundo físico, saltos sobre edificios, descargas instantáneas de conocimiento, intercepción de balas, o vuelos en los cielos.

La idea fundamental de la película, y eso es lo que quiero explorar ahora, es que el mundo físico es solo una de las capas de la realidad. Tras la capa del mundo visible se oculta el verdadero "mundo real" que gobierna y conforma ese otro mundo. Nosotros lo llamaríamos las regiones Celestiales.

En este primer capítulo quiero analizar la verdad de que ahora nuestras vidas están estrechamente vinculadas con los cielos. Una parte de nosotros está siempre allí, con Jesús, puesto que en Él tenemos libre acceso a lo invisible. Podemos desconectarnos de la Tierra y pasar tiempo en Sión a través del espíritu.

¡Es sorprendente! Es difícil de entender, pero debemos hacer la transición por lo que se avecina. De alguna forma misteriosa ya estamos en casa, entrelazados con Cristo.

Si, pues, habéis resucitado con Cristo, buscad las cosas de arriba, donde está Cristo sentado a la diestra de Dios. Porque habéis muerto, y vuestra vida está escondida con Cristo en Dios (Col 3:1-2).

Para entender lo que ha ocurrido volvamos la mirada a Jesús, nuestro Prototipo:

Estamos de acuerdo en que Jesús vino del Cielo. ¿Sí? Aquí es donde se pone interesante ... curiosamente, de alguna forma mística, Jesús nunca dejó de estar en el Cielo del todo. Parte de Su esencia se quedó allí. ¡No hay que asustarse, todo está en la Biblia! En Juan 3:12 Jesús le cuenta a Nicodemo este sobrecogedor secreto:

Si os he dicho estas cosas de la tierra, y no me creéis, ¿cómo creeréis si os digo las del cielo? Nadie ha subido al cielo, sino el que descendió del cielo; el Hijo del Hombre, que está en el cielo (Jn 3:12).

¡Seguro que esto dejó a Nicodemo perplejo! Jesús, no solo le había hablado de nacer de nuevo ¡bastante raro! Ahora Jesús le decía que Él había venido del Cielo. Para luego añadir que todavía estaba en el Cielo mientras hablaba con Nicodemo ¡Apuesto a que esto le dejó con dolor de cabeza!

Leámoslo en la versión AMPLIADA:

Y, sin embargo, nadie ha subido al cielo, pero hay Uno que ha bajado del Cielo, el Hijo del Hombre (Él mismo) Quien está (habita, tiene Su morada) en el Cielo.

¡Increíble! ¿verdad? Jesús le estaba diciendo que estaba habitando EN EL CIELO. Su hogar. Le estaba revelando a Nicodemo una forma más elevada de vivir. La misma idea que vemos en:

Hablo de lo que he visto con Mi Padre (Jn 8:38)

¿Dónde veía Jesús al Padre? En el Cielo, por supuesto. "Padre nuestro, que estás en los Cielos" (Lc 11:2) Así es como Jesús aprendió. Se conectaba con lo invisible para ver y aprender.

Se dedicaron noches enteras a estar con el Padre en el Espíritu. Para la raza "KAINOS", el cielo es la zona de impacto donde recibimos instrucción, refrigerio, revelación y transformación.

Para Jesús era NATURAL cambiar de dimensiones para entablar relación con el mundo de los cielos. Él tenía acceso por ser un Hijo maduro. Tenemos un ejemplo en Juan 17:1

Levantó Sus ojos al cielo y dijo, Padre, la hora ha llegado.

Si profundizamos en esto encontramos que la frase "levantó sus ojos" literalmente significa:

Jesús "fue elevado" (epairo) a donde "Dios habita" (ouranos)

Cambió de dimensiones para orar. Estaba tanto en el Cielo como en la Tierra. Esto es lo que el apóstol Juan llama "estar en el Espíritu" (Ap 1:10) y a lo que mi amigo Ian Clayton se refiere al decir "atravesar el velo". Para nosotros, por ser hijos "KAINOS", es normal entrar al Cielo:

Acerquémonos por tanto con confianza al trono de la gracia para el oportuno socorro (Heb 4:16)

La muerte no es quien hace posible esta realidad. ¡No! Es Jesús quien nos da libre acceso desde ahora:

Yo Soy la puerta. Si alguno entra a través de Mí será salvo; y ENTRARÁ, y SALDRÁ, y hallará pastos (Jn 10:9).

¡Podemos entrar y salir! Esto es cambiar de dimensiones al estilo "KAINOS".

En el pasado, visitar el Cielo era algo muy raro, reservado para los profetas. Esto también va a cambiar. De hecho, ascender será una práctica tan extendida que la Ecclesia de todas partes del mundo ascenderá conjuntamente, y todos se verán entre sí. ¡Es cierto! La Biblia lo dice claramente:

Y vendrán MUCHOS, y dirán: "Venid, y subamos al monte del Señor, a la casa del Dios de Jacob, y nos enseñará en Sus caminos, y caminaremos por sus sendas". Porque de Sión saldrá la Ley (instrucción) y de Jerusalén la Palabra del Señor (Is 2:3).

Muchos entrarán en la Sión celestial como ciudadanos de la casa de Dios.

Así que ya no sois extranjeros ni advenedizos, sino conciudadanos de los santos, y miembros de la familia de Dios (Ef 2:19).

Esto es el orden de Melquisedec. Un pueblo Celestial que se mueve desde lo invisible. El oráculo del Señor, que desde Sión modela la Tierra. Es aquí donde nos encontramos, en el horizonte de un nuevo mundo. Este es el patrón de Cristo.

Y le dijo: "De cierto, de cierto os digo: De aquí en adelante veréis

el cielo abierto, y a los ángeles de Dios subiendo y descendiendo sobre el Hijo del Hombre" (Jn 1:51).

Jesús es Los Cielos Abiertos. En Unión mística con Él tenemos acceso libre a los Cielos Abiertos. Como Juan en la isla de Patmos, podemos estar en el Espíritu y girarnos a escuchar una Voz, o ver los siete candeleros y ascender incluso más alto y atravesar la Puerta abierta.

Y al volverme vi siete candelabros de oro y en medio de los candelabros, vi a Uno semejante al Hijo del Hombre, vestido con una túnica que llegaba hasta los pies y ceñido por el pecho con un cinto de oro (Ap 1:12-13).

En todos los lugares a los que vamos a compartir encontramos, cada vez más, personas que están teniendo este tipo de experiencias o encuentros. Mucha gente está teniendo acceso a ver el mundo invisible de los santos y los ángeles. Estas personas están participando en las Cortes del Cielo, las Bibliotecas, los Consejos de Dios, las Salas de Guerra, caminando por el Edén y otras cosas más. Esto es indicador de grandes cambios.

En sueños y visiones he visto grupos místicos emerger por toda la Tierra, conectados todos ellos en Dios. Vamos a ver, más que cualquier otra generación anterior haya visto, la existencia de una única familia en el Cielo y la Tierra (Ef 3:15) Somos Uno.

Esta convergencia será mucho más poderosa que cualquier otra cosa vista antes. Sorprenderá al mundo, devolviéndole celo por Dios, llenándole de energía, vida y gozo.

El pastor Roland Buck saboreó esta dimensión hace décadas. Roland se encontraba estudiando y orando en su oficina pastoral, preparándose para el culto del domingo. De repente, a las 10:30 pm ¡fue secuestrado y llevado al Cielo! [2]

Tenía la cabeza recostada sobre el brazo encima de la mesa cuando, de repente, sin previo aviso, me encontré fuera de esa habitación. Oí que una voz me decía: "Ven conmigo a la Sala del Trono donde se guardan los secretos del universo." No tuve tiempo de responder... ¡a Dios el espacio no le condiciona! En un chascar de dedos, boom, ¡allí estaba yo!

Roland descubrió que el Cielo era más relajado, luminoso y feliz de lo que él había imaginado. Dios conversó con él cara a cara y le animó a hacer preguntas. Fue algo hermoso.

Durante esta visita Dios realmente me regaló una visión gloriosa de los secretos ocultos del universo, de la materia, la energía, la naturaleza y el espacio.

A Roland le pareció pasar allí meses. Para su sorpresa, al regresar a su oficina pastoral solo habían pasado cinco minutos en la Tierra.

De improviso volví a estar en mi oficina y me vi a mí mismo con la cabeza en la mesa donde había estado orando. Hasta ese momento pensé que estuve en la Sala del Trono en cuerpo, pero se ve que no había sido así. El Señor tiene un maravilloso sentido del humor, y en el cielo abundan la risa y el gozo. Estaba viendo mi propia coronilla y comenté: "Señor, ¡no sabía que tuviera tantas canas!

Me encanta esta historia. En el tiempo que se tarda en hacer un café, Roland Buck estuvo en el cielo durante meses y recibió conocimiento de hechos futuros, revelación de misterios, y más de 2.000 versículos se le grabaron en la memoria. Este es el tipo de descanso para café que me gustaría tener.

Dios me "iluminó", de forma especial, más de 2.000 versículos de la Biblia. En un instante, todos estos versículos y su referencia bíblica estaban instalados en mi memoria. ¡No tengo ni idea de cómo pasó! Lo que sí sé es que, hoy por hoy, no tengo que hacer ningún esfuerzo por recordarlos, simplemente los tengo ahí y los veo cuando quiero.

Os digo, el cambio repentino está en el aire. Mucha gente de todas partes del mundo, va a experimentar cosas parecidas a las que vivió Roland Buck. Esto derrumbará el estatus quo y destruirá las cadenas de la religión.

La raza "KAINOS" está emergiendo y se sustentará por la atmosfera del Cielo. No solo vivirá en el Espíritu, sino que parte de esta raza permanecerá en el Cielo en todo momento.

Como dice Rick Joyner:

La puerta al Cielo está abierta y tenemos invitación para entrar. Los que respondan a esta llamada serán llevados en el Espíritu y, como resultado, verán al Que está sentado en el trono por siempre. El

propósito supremo de toda revelación profética es ver al glorioso Cristo exaltado en autoridad sobre todas las cosas. ³

Nancy Coen, misionera de gran impacto en el mundo islámico, es una persona que ya está participando de todo esto. Una vez le pregunté con qué frecuencia subía al Cielo. Sonriendo, contestó:

Cariño, la verdad es que siempre estoy en el Cielo.

Sus ojos brillaban y supe que era cierto. Toda ella brilla con la gloria. Nancy ha pasado, literalmente, cientos de horas aprendiendo de Jesús, de los santos y de los ángeles del Cielo.

El difunto Bob Jones es otro místico moderno que desdibujó las líneas entre el Cielo y la Tierra. Bob solía bromear con el hecho de que mucha gente espera el arrebatamiento en la segunda venida, cuando él era arrebatado al Cielo ¡cinco veces al día! Esto era lo normal para Bob. Era un amigo de Dios, y a los amigos les gusta verse a menudo.

Padre, aquellos que me has dado, quiero que donde yo estoy, ellos también estén conmigo, para que vean mi gloria y el esplendor que me diste, por cuanto me has amado desde mucho antes que el mundo existiera (Jn 17:24).

El deseo de Jesús suplica una respuesta. No cuando muramos, sino estando en vida.

Aunque podría compartir más cosas quiero terminar este capítulo con una historia más sobre los santos. A lo mejor ya conoces al grupo. Se les llama el "Candelero de Oro". El profeta James Maloney fue testigo presencial de lo que pasó mientras oraban:

En cuanto todo el mundo se puso a cantar en lenguas, el poder de Dios se manifestó en forma de niebla densa. Fue sobrecogedor. Podía oír a la gente, pero no podía verles. Mis ojos tardaron varios minutos en ajustarse para poder ver a la persona que estaba a mi lado...

El techo quedó cubierto por una nube remolino de color morado en la que, a veces, se veían plumas. Fuera de la nube se podía oír la risa de niños regocijándose. Realmente eran los Cielos Abiertos, un portal como el de la Escalera de Jacob. Durante muchos momentos los veinticuatro ancianos participaron en la alabanza.

Y un constante ir y venir de huestes angelicales... había luces de fuego (no se me ocurre otra forma mejor de describirlas) las cuales eran ángeles bajando de la nube del techo hasta el suelo. Cuando estas luces tocaban el suelo se podían ver los pies de los ángeles aparecer de entre las llamas. [4]

Durante más de cincuenta años, este grupo ha estado desdibujando la línea que separa dimensiones, al viajar físicamente al Cielo y volver con el calzado y la ropa cubiertas de joyas y de hilo de oro. Ellos han estado manifestando lo que está por pasar a nivel global en toda la Tierra.

¿Demasiado bueno para ser cierto? ¡Esto es puro Evangelio!

Así dice Rick Joyner:

Esto no es ninguna fantasía. El verdadero cristianismo es la mayor aventura en la que uno puede embarcarse en esta Tierra. La vida de iglesia, de la forma en la que se diseñó originalmente es una experiencia sobrenatural. La vida desde otra dimensión más allá de la terrenal es lo que trae la vida auténtica a la Tierra. [5]

Se nos ha invitado a seguir los pasos de Enoc, Elías, Juan y los santos. ¿Por dónde empezamos? En mi experiencia todo se reduce a esto: por FE tenemos acceso. ¡Sólo hay que creer! ¡Por la fe Enoc fue llevado!

Por la fe Enoc fue arrebatado y trasladado al cielo (Heb 11:5, AMPC).

La fe es creer que Dios nos ha escondido en los lugares celestiales en Cristo (Col 3:3) y que Dios quiere que realmente experimentemos esa verdad. La Puerta siempre está abierta. Tenemos invitación para unirnos a Sión. Estamos limpios, somos santos y aceptos en el Amado. Desde esta posición de inocencia atravesamos el velo.

La fe es dar el primer paso aun cuando no vemos el resto de la escalera.[6]

Mi amigo Ian Clayton enseña una forma muy sencilla de activar este "atravesar el velo". Ian dice que demos un paso hacia adelante con nuestro cuerpo físico para entrar en las regiones celestes, al hacer este movimiento también hay que creer que estás entrando en Sión. Con este paso nos imaginamos que estamos cruzando de una dimensión a otra. Por fe, accediendo al Cielo.

Con la práctica se van activando todos los sentidos espirituales y comienzan las experiencias nuevas. Esto es la ley de la atención, aquello en lo que enfoquemos nuestra atención ganará espacio en nuestras vidas. Es así como Enoc empezó su viaje al Cielo, por su fe como la de un niño. Al final Dios se lo llevó allí de forma permanente, donde Enoc vive en un estado glorioso. ¿No queremos lo mismo?

Probemos hoy mismo.

Demos ese pequeño paso.

¡Nuestro hogar es Sión!

LA COMUNIDAD DE ÁNGELES

Os habéis acercado a la multitud festiva de los ángeles (Heb 12:22).

En el capítulo anterior se habló de "Vivir conectados a Sión", ¡espero que os gustara!

Me encanta escribir sobre el Cielo y también pensar en ello. ¡Tenemos un Evangelio tan dulce! Un Evangelio que dice que estamos incluidos y somos inocentes. Somos aceptados y amados. ¡Estamos en casa!

Pero ahora, ¡guau! Todo ha cambiado; os habéis encontrado a vosotros mismos posicionados en Cristo. Lo que antes parecía distante está ahora tan cerca, Su sangre revela vuestra inocencia y vuestro auténtico génesis. (Ef 2:13, MIR).

Este alarde jubiloso de los logros de Cristo continua en el siguiente capítulo.

Voy a hablar de ángeles santos, la extensión de nuestra comunidad como creación nueva. Una familia preciosa y misteriosa que nos rodea y que está activamente involucrada en todo lo que hacemos.

Es nuestra comunidad "KAINOS" invisible. Una comunidad santa que nos ama y que tiene nuestro bien como objetivo. Una familia que incesantemente nos anima e insta a proseguir.

¿Verdad que suena bien?

Empecemos con el Evangelio, el "Mensaje Alegre", una vez más.

Como dije antes, repitiendo las palabras de Pablo, el Evangelio nos saca de nuestra condición humana y nos lleva a un mundo eterno totalmente nuevo, a una realidad "Más allá de lo Humano".

Si alguno está en Cristo... está en un mundo nuevo.

La religión conlleva postergación y retraso, pero Pablo dice que el Evangelio es AHORA. Lo nuevo ya ha comenzado. Estamos limpios, cambiados y listos para el futuro desde ya. La Muerte no es quien nos hace competentes, es Jesús quien ha cumplido todos los requisitos en la Cruz. Ahora tenemos libre acceso a los mundos invisibles del Reino. ¡Este es el Evangelio! ¡Hoy es el día de salvación! El Cielo está tan cerca como tu propia mano.

En realidad, el reino de Dios ya está entre vosotros (Lc 17:21).

Esto no debería sorprendernos. El Cielo tiene en nosotros su hogar. Todo lo que tenemos que hacer es abrir nuestros corazones a su presencia y las dimensiones que no vemos, pero que nos rodean, también se abrirán. Es así como empezamos a ser conscientes de regiones más elevadas y de otros seres celestiales. En Cristo reconocemos la presencia de ángeles.

Poco a poco, nos vamos dando cuenta de que estos seres espirituales están íntimamente conectados e interesados en nosotros. De hecho, descubrimos que están por todas partes solo que no nos dimos cuenta antes.

El dará a Sus ángeles orden de acompañarte y defenderte y protegerte en todas tus sendas (de obediencia y servicio) (Sal 91:11, AMPC).

Ellos nos protegen y se interesan por nuestras vidas y por nuestros progresos. Nos siguen por todas partes librándonos del mal. De forma inadvertida nos ayudan y encaminan nuestros pasos ¿no es increíble? ¡Me encanta! ¡Estamos rodeados!

Aquí es donde la cosa se anima. En la generación anterior por lo general no nos dábamos cuenta de los ángeles aun cuando han estado delante de nuestros ojos. La Biblia relata cómo algunos incluso cenaron con ángeles sin saberlo.

No olvidéis la hospitalidad, porque por ésta algunos, sin saberlo, hospedaron ángeles. (Heb 13:2).

¡Buenas noticias! La ignorancia está desapareciendo. Nos estamos despertando y con ello se está activando nuestra cardio-gnosis (conocimiento desde el corazón) Ya no reconoceremos a los ángeles desde la percepción humana porque la línea imaginaria que nos separa se desvanece conforme alcanzamos la madurez como hijos.

Según el profeta Bobby Connor la membrana del mundo espiritual es cada vez más fina:

Hace poco, mientras ministraba vi delante de mí lo que parecía ser una membrana muy fina. Le pregunté al Señor, "¿Qué es esto, Señor?" y me respondió: "Es el velo que separa los mundos terrenal y celestial, y ¡ahora es más fino que nunca!" [1]

Los santos de antaño sabían cómo ver a los ángeles. Llega un tiempo de gracia abundante para permitirnos vivir como lo hacían ellos, no porque lo merezcamos sino porque es el plan de Dios para la Tierra. Puesto que ya es hora de despertar del letargo (Ro 3:11).

Esto les puede sonar extraño a algunos cristianos modernos ya que se ha recibido mucha negatividad y se ha enseñado a temer cualquier interacción con los ángeles. Sin embargo, quiero que recordemos que nuestro objetivo es ser bíblicos y seguir a Jesús. Una vez más, mientras nos adentramos en este tema, fijémonos en el Prototipo:

Y Él (Jesús) estuvo allí en el desierto cuarenta días, y era tentado de satanás (todo el tiempo), y estaba con las fieras; y los ángeles le servían (continuamente) (Mar 1:13, AMP).

Este versículo dice que los ángeles ayudaban a Jesús continuamente. Cristo se rebajó hasta el punto de recibir y dar la bienvenida no solo a ellos sino también a su ayuda. Si el Único Eterno honra y valora a los ángeles, nosotros deberíamos seguir su ejemplo. Deberíamos tener la expectativa de recibir el ministerio angélico en nuestras vidas.

Puede que esto suene demasiado raro, pero Jesús mismo, en el siguiente versículo, describe su vida como punto de acceso para que los ángeles entren al mundo de la Tierra.

Pongamos atención a estas palabras místicas que Jesús dijo a Natanael:

Y le dijo: de cierto, de cierto os digo: De aquí en adelante veréis el cielo abierto, y los ángeles de Dios que suben y descienden sobre el Hijo del Hombre (Jn 1:51).

Este versículo rompe de forma radical los estereotipos. Jesús, la Imagen de lo que realmente somos, era un punto de reunión de ángeles. Todo él bullía con actividad angélica, como la escalera de Jacob en Génesis 28:12. ¡Una locura!

¿Podemos imaginarnos el remolino de ángeles invisibles que rodeaban a Jesús cuando sanaba a los enfermos? O mientras hacía milagros y calmaba la tormenta. ¡Me hubiera encantado ver eso!

Tenemos que cambiar nuestra forma de pensar en lo que se refiere a ángeles. Los hemos estado ignorando durante demasiado tiempo. Y, sin embargo, ellos están íntimamente involucrados en nuestra historia. Son parte de nuestra comunidad.

¿Qué importancia tienen? Consideremos esta otra historia de la vida de Jesús. En el jardín de Getsemaní, posiblemente uno de los momentos más difíciles de su vida en la tierra, un ser especial vino en su ayuda.

Y él se apartó de ellos a una distancia como de un tiro de piedra; y puesto de rodillas, oraba, diciendo: Padre, si quieres, aparta de mí esta copa; pero no se haga mí voluntad, sino la tuya. Y se le apareció un ángel del cielo para fortalecerle. Y estando en agonía, oraba más intensamente; y era su sudor como grandes gotas de sangre engrumecidas que caían sobre la tierra (Lc 22:41-44, RV).

Cuando sus discípulos se ausentaron, allí estaban los ángeles. Cuando sus amigos dormían, el ángel velaba y ofrecía su ayuda. Esta historia me conmueve.

¿Alguna vez te has sentido solo? Creo que todos podemos decir que sí.

A veces, en los momentos en los que he estado más aislado y con más dolor, se han presentado ángeles en nuestra casa. Me han rodeado e, incluso, tocado mi cuerpo llenándolo de energía.

Tres veces me ha despertado un ángel soplándome en la cara. Les he oído reír, cantar e incluso hablar. Les he visto destellar en la habitación, moverse en forma de bolas de luz, o alzarse como columnas de nube. ¡Son realmente maravillosos!

Nada de esto es nuevo. Los santos antiguos tenían trato con los ángeles. Muchos de ellos conocían el nombre de sus ángeles guardianes. Algunos, como José de Cupertino, solía abrirle la puerta a su ángel para que pasara. El padre Pío pasaba horas hablando con el suyo. A Gema Galgani, los ángeles le ayudaban a meterse en la cama cuando no tenía fuerzas.

San Columba tenía reuniones cara a cara con huestes angelicales para discutir asuntos de gobierno relacionados con Irlanda y Gran Bretaña. Uno de los monjes de Columba registró una de estas reuniones:

¡Difícil de contar! Hubo una aparición maravillosa y repentina, la cual este hombre podía percibir con sus propios ojos físicos desde su posición en una colina cercana…

Los ángeles santos, los ciudadanos del reino de los cielos, volaban a velocidad sobrecogedora, vestidos de blanco, empezaron a congregarse alrededor del hombre santo mientras él oraba.

Habiendo conversado con San Columba brevemente, la multitud celeste, como si sospechara estar siendo espiada, rápidamente retornó a las alturas de los cielos. [2]

Los libros de historia están repletos de relatos como este. ¿Cómo es posible que hayamos olvidado nuestro pasado con tanta facilidad? ¿Cómo es que la religión se infiltró y se llevó el poder del Evangelio?

Ya es hora de que el cristianismo recuerde lo fundamentales que son los ángeles. Los necesitamos como nunca antes. Estamos en una crisis global. ¡Necesitamos a los ayudantes del Cielo!

Randy Clarck es uno de los misioneros de hoy en día que conoce el valor de los ángeles. Hace poco, Randy vino a compartir a nuestra ciudad, Cardiff. Le escuché hablar de primera mano, sobre la importancia de los ángeles en los milagros y la cosecha. Lo que dijo fue muy revelador:

¿Y si el día de Pentecostés recibimos más que el bautismo del Espíritu? Recibimos más que una nueva relación con el Espíritu Santo. También entramos en una nueva dispensación, un nuevo pacto con el derramamiento de los ángeles de Dios. Creo que, literalmente, con la cruz se abrió una nueva relación entre los ángeles y el pueblo de Dios, así como entre el Espíritu Santo y el pueblo de Dios. [3]

Estoy de acuerdo con Randy. El libro de Hechos nos muestra la dinámica de intercambios entre los ángeles y la iglesia primitiva. Una de mis historias favoritas es la de la escapada de la cárcel de Pedro.

Estaba durmiendo entre dos soldados, sujeto con dos cadenas, y los guardianes delante de la puerta custodiaban la cárcel. Y he aquí que

se presentó un ángel del Señor, y una luz resplandeció en la celda; y tocando a Pedro en el costado, le despertó, diciendo: Levántate pronto. Y las cadenas se le cayeron de las manos. Le dijo el ángel: Cíñete, y cálzate las sandalias. Y así lo hizo. Y le dijo: Envuélvete en tu manto, y sígueme.

Y saliendo, le seguía; pero no sabía que era verdad lo que hacía el ángel, sino que le parecía que veía una visión. Habiendo pasado la primera y la segunda guardia, llegaron a la puerta de hierro que daba a la ciudad, la cual se les abrió por sí misma; y salidos, avanzaron por una calle, y de repente el ángel se ausentó de él.

Lo que ocurrió después es bastante raro y con frecuencia se ignora.

(La muchacha) cuando reconoció la voz de Pedro, de gozo no abrió la puerta, sino que corrió adentro a anunciar que Pedro estaba allí. Y ellos le dijeron: estás loca. Pero ella insistía en que así era. Entonces ellos dijeron: ¡Es SU ángel! Mas Pedro continuaba llamando; y cuando abrieron y le vieron, se quedaron atónitos (Hch 12:12-16).

¡Me encanta! Se asombraron más de que fuera Pedro que su ángel.

Según John Paul Jackson, esto indica que los ángeles estaban presentes frecuentemente:

En esos días debió ser algo bastante recurrente. Esto se deduce del hecho que al ser liberado de la cárcel y cuando la muchacha fue a abrir la puerta... era más probable que apareciera un ángel a que Pedro hubiera sido liberado.

Se sabe que era algo común por lo que no pasó. Y ¿qué fue lo que no pasó? Pues estando todos sentados a la mesa, todos comiendo. Alguien abre la puerta y dice que es el ángel de Pedro.

Y ahora, ¿qué? ¿qué se hace?, ¿seguimos comiendo? ¡Yo no! Yo me levanto y me voy corriendo a ver el ángel. No es eso lo que ellos hicieron. Ellos siguieron comiendo como si nada. Eso nos deja ver que las apariciones de ángeles debieron ser muy comunes en esos días.

Hoy en día no son tan frecuentes todavía. Pero tengo la sensación de que se van a hacer mucho más comunes. [4]

¿No es esto increíble? Nos debería desafiar. ¿Cuándo fue la última vez que pensamos algo así? O ¿cuándo fue considerado normal por última vez que los ángeles se presentaran en nuestras reuniones de forma física y visible?

¡Todo esto va a cambiar! El Espíritu ha estado, de forma progresiva, desmitificando lo angélico en nuestra generación, preparando los corazones para un nivel superior de participación entre los dos mundos. Estamos en un punto de inflexión, en un momento de cambio profundo, cruzando la línea del horizonte y adentrándonos en nuestro destino.

Hay señales del pasado que nos anuncian lo que está por venir. Por ejemplo, el testimonio del pastor norteamericano Roland Buck en los 1960, quien sostuvo conversaciones con el ángel Gabriel y otros ángeles de forma regular. Así fue uno de esos encuentros:

Nada más haberme ido a la cama, noté que había una luz azulada en la escalera. Era demasiado tenue para ser la luz de la escalera, así que pensé que, a lo mejor, me había dejado la luz encendida en alguna de las habitaciones de la planta baja. Me levanté para apagar esa luz. A medio camino por las escaleras, la luz se intensificó de forma repentina.

Justo delante de mí había dos hombres de lo más corpulento que jamás había visto. ¡Me quedé atónito! No sentía temor, pero de ellos irradiaba tanto poder divino, del que proviene de vivir en el resplandor de la presencia de Dios, que no pude mantenerme en pie. Las rodillas se me debilitaron y empecé a rodar. Uno de esos seres enormes extendió su mano, me agarró, y mis fuerzas retornaron.

Simplemente me dijo que era el ángel Gabriel. ¡Me quedé sin palabras! ¿El mismo Gabriel del que he leído en la Biblia? El impacto de aquellas primeras visitas fue más sobrecogedor que el de las de ahora, porque estuvo aquí tan claro como si hubiera sido una persona, y se presentó como el ángel Gabriel. Es imposible describir el asombro que sentí. Después, me presentó al segundo ángel cuyo nombre era Chroni. ¿Chroni? ¡Qué nombre más peculiar! Nunca antes lo había oído... de hecho nunca se me había ocurrido pensar que cada ángel tuviera su propio nombre, o incluso, como luego descubrí, que tuvieran su propia apariencia. Le pregunté a Gabriel: "¿Por qué estáis aquí?"

Él simplemente respondió que el Espíritu Santo les había mandado y entonces Gabriel empezó a contarme verdades maravillosas. [5]

Roland Buck pasó horas hablando con Gabriel. Fueron encuentros mucho más relajados y divertidos de lo que nos hubiéramos imaginado. ¡Llegaron incluso a jugar con el perro!

Hay mucho que aprender sobre los ángeles. ¿No queremos saber más? ¡Podríamos aprender tanto de ellos!

En visiones proféticas, he visto que en esta generación vamos a hablar cara a cara con los ángeles, así como lo hizo Roland Buck. Habrá incluso reuniones de Ecclesia donde todos veremos a estos ángeles. De hecho, este será el nuevo modelo de mesas redondas apostólicas. Estaremos en el Cielo y en la Tierra, presentes en los Consejos de Dios, viendo a Jesús y a los santos. Justo como lo hizo Enoc. Suena demasiado extraño, pero no lo es. Simplemente es el retorno de una generación a su diseño original, a pasear con Dios cara a cara.

Hay muchas más cosas que me podría decir sobre los valiosos ángeles. Quizás un día escriba un libro sobre ellos y comparta algunas historias locas. ¡Será divertido!

A lo mejor te encuentras leyendo este libro y tienes hambre de más, pero no sabes por dónde empezar. Yo también estoy empezando. No estás solo. Te contaré lo que a mí me funciona y quizás eso te ayude.

Empecé por decirle a Dios, "Valoro a los ángeles. Quiero caminar con los ángeles. Déjales venir, Señor." Luego empecé a honrar a las personas que ya habían hecho esto que yo pedía. Gente como Gary Oats, quien escribió *Open My Eyes Lord* [6] *(Señor, Abre Mis Ojos)*, un libro muy inspirador. Le estuve diciendo al Señor, "Honro a Gary Oats. Deseo lo que él tenía. Lo quiero de verdad." Mantuve una actitud de amor, aprecio y honra. Este tipo de actitud atrae el Cielo. Somos poderosos. Dios nos ha dado la opción. Yo elegí caminar con ángeles, luego le pedí permiso al Cielo para experimentar su presencia. Jamás olvidaré la primera vez que se presentaron en grupo. Pero, ¡eso es otra historia!

En el próximo capítulo vamos a explorar otra comunidad "KAINOS" que transciende dimensiones. Hablaremos de otro nuevo grupo de amigos que tenemos en Cristo, la "Nube de Testigos" (los santos del cielo).

¡No estamos solos!

Todo viaje comienza con un pequeño paso. No tenemos prisa. Es importante disfrutar el trayecto, disfrutar el proceso de crecer en nuestra condición de ser hijos. ¡Es algo realmente bonito!

Sin temor, y llenos de fe, continuemos nuestra aventura. Quiero hablaros de los santos que están en el Cielo, también conocidos como la "Nube de Testigos".

Si, como yo, fuisteis educados dentro de la iglesia evangélica, es posible que os hayan enseñado que los santos están de vacaciones todo el tiempo, alabando o disfrutando las mansiones y parques del Cielo.

Esto es cierto en parte. Lo están pasando muy bien. Como ciertamente dijo C.S. Lewis:

¡El gozo es el asunto serio del Cielo! [1]

¡El Cielo es un sitio muy feliz! Dios está sentado en el Cielo y se ríe (Sal 2:4). Los ángeles montan fiestas (Lc 15:10). Todos ellos se reúnen en asambleas festivas (Heb 12:22). ¡Bastante animado!

Sin embargo, hay muchos en el Cielo que también tienen responsabilidades. Algunos están incluso sentados en tronos. Están reinando con Cristo ahora mismo.

Al que salga vencedor le daré el derecho de sentarse conmigo en mi trono, como también yo vencí y me senté con mi Padre en Su trono (Ap 3:21).

Rick Joyner, de MorningStar Ministries, fue llevado al Cielo y vio esto de primera mano. En su rompedor libro, *The Final Quest (La Búsqueda Final)*, Rick escribe lo siguiente:

Según me acercaba al trono del Juicio de Cristo veía, que los que tenían rangos más altos también estaban sentados en tronos que eran todos parte de Su trono. Aun el más insignificante de estos tronos era muy superior al de cualquier trono en la tierra. Algunos de ellos eran gobernadores de los asuntos del Cielo, otros gobernaban temas de la creación física como las constelaciones y galaxias. [2]

Jesús mismo es el Patrón de todo esto. Incluso ahora mismo, desde el Cielo, nos muestra lo que debería ser nuestra vida como hijos maduros.

Jesucristo, el Testigo fiel y verdadero, el Primogénito de los muertos (el primero en ser devuelto a la vida) y el Príncipe (Gobernador) de los reyes de la Tierra (Ap 1:5, AMP).

Jesús es el testigo supremo. Él acabó el curso, completó la tarea del Padre y pertenece por siempre a la Eterna Orden de Melquisedec (Heb 7:17).

Ahora bien, ¿puedo hacer una pregunta? Quiero que pensemos en lo siguiente porque es muy importante. ¿Está Jesús disfrutando del Cielo sin hacer nada más que festejar?

Obviamente, ¡no! Las Escrituras nos dicen que está intercediendo (He 7:25), reinando (1 Co 15.25), dando revelación (Ap 1:11), preparando (Jn 14:2), liderando (Col 1:18) y manteniéndose firme contra el enemigo. ¡Está vivo y muy activo!

Si esto es lo que hace Jesús, y Él es nuestro Modelo, entonces, ¿por qué la iglesia parece pensar que los santos vencedores no están más que jugando o haciendo picnics en el Cielo? ¡Qué cosa más extraña! Tenemos esta idea tan rara de que el Cielo no es más que un club de lujo para jubilados.

Según mi experiencia, este concepto no podría estar más lejos de la realidad. Los santos fieles están totalmente involucrados en el gobierno del Cielo completando así los hechos descritos en los "Libros de Destino" (Sal 139:16).

Doblo mis rodillas ante el Padre de nuestro Señor Jesucristo, origen de toda paternidad en el cielo Y en la tierra (Ef 3:14).

Llevando la historia a su punto culminante y haciendo que todas las cosas, las del cielo Y las de la tierra, recuperen en Cristo su UNIDAD (Ef 1:10).

No se han jubilado, solo han sido trasladados a otra dimensión con un cuerpo diferente, colaborando estrechamente con nosotros, totalmente vivos y ocupados con el cosmos En unión con Dios se acercan a nosotros y nos rodean, dándonos ánimo.

Hebreos 12:1 dice:

Una gran multitud de testigos nos rodea

Enorme multitud de hombres de fe nos observa

Estamos rodeados

Teniendo en derredor nuestro

Por todas partes

Una vasta multitud de espectadores

La idea que describe este versículo es que están muy cerca. Estamos dentro de su atmósfera. Tan cerca como lo estaría nuestra mano si la pusiéramos frente a nuestra cara. La distancia se canceló en la cruz. ¡Somos Uno!

El autor americano Roberts Liardon vio a los testigos siendo muy niño. Jesús le cogió de su habitación y le llevó al Cielo. Roberts relató esta experiencia en su libro *We Saw Heaven* (*Vimos el Cielo*).

En ese libro escribe:

Atravesamos algo que jamás imaginé ver en el Cielo, lo cual me sorprendió como la cosa más graciosa que había visto. Sin embargo, considerándolo más tarde, vi que era una de las visiones más emotivas e inspiradoras de mi caminar con Dios... Vi a la gran nube de testigos.

Estos testigos saben lo que la iglesia hace a nivel espiritual. Cuando estoy predicando, por ejemplo, me animan gritando: "Haz esto, haz aquello..." "¡Vamos!" Cuando llega el intermedio cada uno de ellos se arrodilla para orar. Después se levantan y vuelven a ponerse a animar. Es como si estuviéramos en un gran partido, uno serio y real, no un juego por mera diversión. Y parece que tenemos fans que nos

animan. Están de nuestra parte al cien por cien, diciendo: "¡Vamos! ¡A por ellos! ¡Eso es, adelante!"

Si realmente entendiéramos el versículo que dice que hay una sola familia en el cielo y en la tierra, entonces oiríamos en nuestro espíritu lo que nuestra familia en el Cielo nos dice. Si pudiéramos oír lo que la "nube de testigos" nos dice, tendríamos más éxito en todas las áreas de nuestras vidas. [3]

Eso es lo que Jesús quiere que veamos en este momento. Y es que, puede que estemos en tiempos oscuros, pero estamos rodeados de aliados. En la era "KAINOS", la fina membrana que nos separa se está disolviendo.

De nuevo, la vida de Jesús en la tierra nos mostró como debía ser esta dinámica relación. En el monte, Elías y Moisés, dos de los grandes héroes, parecieron estar animándolo.

De repente, allí en lo alto del monte estaban Moisés y Elías, los iconos de la fe, amados por Dios. Y hablaban con Jesús (Mt 17:3).

La traducción del Mensaje lo describe así: "Estaban en conversación profunda" ¡Me encanta!

¿No queremos eso? He tenido muchos encuentros con los santos y cada encuentro cambió mi vida.

He descubierto que están conectados con nosotros a niveles que todavía no entendemos. Lo cierto es que necesitamos que toda la Iglesia opere junta como un solo cuerpo místico. No podemos cumplir la misión cósmica solos.

Aunque todos obtuvieron un testimonio favorable mediante la fe, ninguno de ellos vio el cumplimiento de lo prometido. Esto sucedió para que ellos no llegaran a la meta sin nosotros, para que no fuesen ellos perfeccionados aparte de nosotros, pues Dios nos había preparado algo mejor (Heb 11:39-40).

Sólo si estamos juntos veremos la transformación de la Tierra. Esta es la idea de Dios.

Estoy convencido de que las apariciones de los santos se van a intensificar. Esto se sugiere en Mateo 27:50-53. Es una historia fascinante que resulta difícil de creer.

Entonces Jesús volvió a gritar con fuerza, y entregó su espíritu. En ese momento, la cortina del santuario del templo se rasgó en dos, de arriba abajo. La tierra tembló y se partieron las rocas. Se abrieron los sepulcros, y muchos santos que habían muerto resucitaron. Salieron de los sepulcros y, después de la resurrección de Jesús, entraron en la ciudad santa y se aparecieron a muchos.

¿Hemos visto eso? ¡Los santos se presentaron en la ciudad santa! Se pasearon por la ciudad con cuerpos nuevos. Eso es algo, ¿no? Así de unificados hemos quedado tras la cruz. Ese es el poder de la Vida que se revela en el Evangelio, el "Mensaje Alegre".

El cantante británico Godfrey Birtill dice:

Hace dos mil años nuestra sangre se hizo una, las distancias se cancelaron en Cristo y la separación es solo un espejismo, una mentira. 4

Me encanta la siguiente definición de Iglesia que tanto los católicos como los evangélicos comparten.

La Iglesia es el pueblo de Dios, el cuerpo y la novia de Cristo, y es el templo del Espíritu Santo. La única Iglesia universal es una familia multiétnica que no tiene nacionalidad, ni cultura, ni denominación. En su sentido más amplio, la Iglesia incluye a todos los redimidos de todos los tiempos, y son el cuerpo de Cristo extendido a lo largo del tiempo y del espacio. 5

Después de la cruz, los santos han seguido apareciéndose a muchos cristianos a lo largo de los años, tanto en visitas al Cielo como en encuentros en la Tierra. El libro de los Hechos recoge una historia muy divertida sobre dos hombres que aparecieron de repente ("hombres de blanco" suele ser la pista con la que se les reconoce en las Escrituras).

Habiendo dicho esto, mientras ellos lo miraban, fue llevado a las alturas hasta que una nube lo ocultó de su vista. Ellos se quedaron mirando fijamente al cielo mientras él se alejaba. De repente, se les acercaron dos hombres vestidos de blanco, que les dijeron: Galileos, ¿por qué estáis mirando al cielo? Este mismo Jesús que ha sido tomado de vosotros al cielo, vendrá así, tal como lo habéis visto ir al cielo (Hch 1:9-11).

Me resulta una historia muy graciosa. A los dos santos se les dio una misión en la Tierra (lo que Bill Johnson llama "permiso de pisar tierra" como se les da a los marineros). Tenían que hacer una pregunta: "¿Por qué miráis hacia el cielo?" ¿No es obvio? Jesús les dejó atónitos al levitar y desaparecer. He descubierto que Dios fue el inventor de la comedia. Para estar a su lado hay que tener sentido del humor y ganas de pasarlo bien. Es un Dios alegre y feliz (1 Ti 1:11).

Desde la época del libro de los Hechos, los santos celestiales han seguido apareciendo en la Tierra. En los libros de historia se acumulan los relatos de sus apariciones para enseñar, consolar e incluso ayudar. Suelen aparecer cuando alguien está muriendo. En estos casos vienen para honrar esas vidas y acompañarlas al Cielo. Podría contar muchas historias, pero he elegido mi favorita por cuestión de espacio.

Es una historia de la vida de José de Cupertino [6]. José estaba en la iglesia orando, cuando un ser demoniaco se presentó allí con la intención de intimidarle, para lo cual apagó las velas de un soplido. Atención a lo que pasó después.

Los espíritus infernales (demoniacos) consideraban a José como enemigo. Una noche, mientras el siervo de Dios estaba frente al altar de San Francisco, en la Basílica de Asís, la puerta de entrada se abrió violentamente, y entró un hombre que avanzaba haciendo tanto ruido que parecía tener los pies forrados de hierro. El santo le observó atentamente y vio como las luces se apagaban de una en una conforme el intruso se acercaba, hasta quedar, a su lado, en completa oscuridad.

¡Qué imagen! A oscuras con esta entidad maligna justo enfrente. ¡Qué escalofriante!

Tras lo cual el diablo, pues era él, atacó furiosamente a José tirándole al suelo e intentando estrangularle. Entonces José invocó a San Francisco, y le vio aparecer de su tumba, encendiendo con una pequeña vela todas las lámparas, ante cuyo resplandor la horrible criatura desapareció. Como resultado de este acontecimiento, José le dio a San Francisco el sobrenombre de "El Farolero de la Iglesia".

¿No es increíble? Yo lo creo. San Francisco dijo:

Ni toda la oscuridad del mundo podrá extinguir la luz de una vela. [7]

Tenía razón, y esto se cumplió tras su muerte, pues la vela siguió ardiendo.

Si puedes ver el futuro puedes ser parte de él. Los santos vieron nuestros días por fe. La "Nube de Testigos" vive albergándonos en sus corazones, amándonos como abuelos. Cuando el Espíritu les guía tienen permiso para animarnos, ya que están íntimamente conectados con nuestras vidas y no muy lejos de nosotros (Heb 11:39-40). Quieren que, junto con ellos, triunfemos.

¿Queremos tener más experiencias con esa comunidad? ¡Claro que sí! Jamás deberíamos sentirnos solos.

Paul Keith Davis (White Dove Ministries) ha encontrado la conexión entre honrar a los santos y su manifestación:

Estoy convencido de que aquello sobre lo que hablas viene a tu vida. Si hablas sobre ángeles, vienen. Si hablas sobre los héroes de la fe, vienen. Si hablas sobre lo que hicieron y los mantos que llevaban y las cosas que batallaron por conseguir, lo que ocurre es que lo que dices se empieza a manifestar en la habitación. ¡Nos están esperando! Cada uno de nosotros está siendo observado. [8]

Así es como realmente me pasó a mí. Empecé leyendo libros sobre las vidas de los santos, en contemplación, meditando sobre cómo Dios se había movido en ellos, orando y, por fe, interactuando con el Cielo. Por fin, un día el Señor me presentó a sus queridos amigos.

Uno de los encuentros más recientes fue en septiembre de 2015. De forma inesperada, la mística francesa Madame Guyon vino en el Espíritu a nuestra casa. En actitud humilde se arrodilló delante de mí y, en silencio, oró. La Presencia de Dios inundó toda la casa. Mi esposa Rachel bajó a la planta de abajo para ver qué pasaba. Fue un momento muy precioso de transformación.

¿No queremos todos experiencias como éstas? Si es así habrá que vivir con el corazón abierto.

Hay algo muy especial en tomar una postura de honra y deseo. Pues esto atrae la substancia del Cielo. La vida fluye a través de la honra.

Lo cierto es que no estamos solos. Nunca lo estaremos.

Cualquier espejismo de distancia ha sido totalmente cancelado en Jesús.

Somos Uno.

TELEPÁTICOS

En los dos próximos capítulos vamos a seguir construyendo el concepto del mundo "KAINOS" fijándonos en una forma nueva de comunicación.

Una habilidad de valor incalculable que se activa conforme maduramos en el Espíritu. Los medios de comunicación lo llaman "telepatía". Los científicos a veces se refieren a esta habilidad como "radio mental".

¡No nos asustemos! Sé lo polémico que puede sonar este tema. Por favor, dejad que me explique.

No solo veremos que es algo completamente bíblico, sino que además comprobaremos que Jesús usaba esta habilidad de forma diaria.

Hay muchas posibilidades esperándonos al ser criaturas "KAINOS". Al igual que Jesús, estamos destinados a ser cada vez más telepáticos. Es algo NATURAL en el orden de vida de la nueva creación. Es el futuro.

El diccionario define la telepatía de la siguiente manera:

La comunicación (entre personas) de pensamientos, sentimientos, deseos, etc., ... entre personas usando mecanismos que no pueden entenderse en términos de leyes científicas conocidas.

La palabra "tele" significa "a distancia" (como tele-visión) Mientras que "patía" significa "percepción" o "empatía". Los teólogos católicos tienen su propia palabra para esto. Lo llaman "cardio-gnosis" que significa "conocimiento de corazón a corazón". ¿No es bonito?

En 1930, un señor llamado Upton Sinclair escribió un libro sobre este tema que se hizo famoso, se titula *Mental Radio* (*Radio Mental*) En su libro propuso que la telepatía era un fenómeno científico. Upton basó su argumento en numerosos e interesantes experimentos que llevó a cabo con su mujer y con amigos cercanos. Albert Einstein endorsó este singular libro y dijo que su pionera idea merecía la pena ser considerada.

(la radio mental) merece la más seria consideración, no solo de los laicos, sino también la de los psicólogos de profesión.[1]

A pesar de no entender completamente lo que estaba pasando, tanto Sinclair como Einstein creían que había algo más. Algo que la ciencia no ha podido comprender… ¡todavía!

En 1924, otro científico, Hans Berger, también fue testigo de la comunicación telepática en acción. Él había tenido un serio accidente a caballo, en el cual casi murió. De alguna manera su hermana lo percibió.

Hans Berger, el alemán que registró el primer electroencefalograma humano en 1924… se cayó mientras montaba a caballo y casi muere pisoteado por el grupo de jinetes que cabalgaban junto a la carretera y que pasaron a escasos centímetros de su cabeza. Su hermana, a muchos kilómetros de distancia, percibió el peligro e insistió para que su padre mandara un telegrama preguntando qué estaba pasando. Nunca antes había mandado un telegrama, y la experiencia dejó a Berger tan perplejo que cambió sus estudios de matemáticas y astronomía por los de medicina con la esperanza de descubrir la fuente de esa energía psíquica.[2]

Hace años, recuerdo que tuve las ganas urgentes de llamar a mi amiga Mary. ¡Algo iba mal! Llamé a Mary inmediatamente. Resultó que había tenido una situación muy desagradable en el trabajo. Como vivía sola mi llamada fue muy bien recibida y llegó en el momento justo.

Es extraño, pero todos hacemos esto en mayor o menor medida. Pensamos en un amigo… y de repente, nos manda un mensaje por Facebook o nos llama. ¿Por qué pasa esto? Nos ponemos a cantar una canción y alguien nos dice: "¡Justo estaba pensando en esa canción!" Conocemos a alguien nuevo y por alguna razón notamos que algo no encaja. ¿Cómo supimos que ese alguien no era de fiar?

A veces lo que ocurre es que dos personas tienen la misma idea justo a la vez. ¿Cuántas veces no ha pasado que se estrenan dos películas con argumentos muy parecidos, o se diseñan aparatos electrónicos con aplicaciones casi idénticas? De hecho, este suceso es tan común que los científicos le han dado un nombre específico, "efecto múltiple".

Hay un fenómeno científico fascinante que se conoce como "efecto múltiple". Este efecto múltiple ocurre cuando varias personas sin conexión geográfica alguna, realizan exactamente el mismo descubrimiento al mismo tiempo. Estas personas no tienen ningún tipo de comunicación entre sí y, sin embargo, descubren o inventan la misma cosa. Con frecuencia ni siquiera son conscientes de que su idea acaba de ser presentada al público por alguien que estaba trabajando sobre el mismo problema.[3]

Cada vez hay más evidencia de que las personas se pueden conectar fuera del paradigma de la física actual. En 2014, el mundo científico anunció que se había conseguido mandar un mensaje mental con éxito:

Unos científicos han mandado un "mensaje mental" de una persona a otra, separadas por 4.000 millas de distancia, atribuyéndose con ello lo que han llamado el primer experimento telepático mundial. Conectaron a una persona en Bombay, la India, con un aparato cerebral inalámbrico con conexión a internet, e hicieron lo mismo con otra persona en Paris. Cuando la primera persona simplemente pensó en un saludo como "ciao", "hola" en italiano, el receptor en Francia tuvo conciencia de que ese pensamiento estaba ocurriendo.[4]

El propósito de incluir la parte científica es que nos pongamos a pensar.

La pregunta más importante para nosotros es ¿qué dice la Biblia sobre esto?, ¿Jesús era telepático?, ¿se puede comprobar todo esto en las escrituras? La respuesta simple es "¡Sí! ¡Claro que sí!" Está por toda la Biblia. Para Cristo era NORMAL oír los pensamientos ocultos. Veamos lo que dicen los siguientes versículos, pero usemos los ojos inocentes de la nueva creación. ¡Es increíble!

Pero Él, conociendo sus pensamientos, les dijo (Lc 11:17-18).

Como Jesús conocía sus pensamientos, les dijo: ¿Por qué dais lugar a tan malos pensamientos? (Mt 9:3-5).

Pero Jesús conocía sus pensamientos y les dijo (Mt 12:25).

Jesús llegaba al verdadero asunto del corazón, apuntaba a las intenciones secretas del alma. Con frecuencia contestaba no a las preguntas formuladas con palabras, sino a los anhelos más profundos y ocultos, las auténticas preguntas. En el Cielo, el corazón habla con más intensidad que la boca.

En cambio, Jesús no les creía porque los conocía a todos [sus corazones] (Jn 2:24, DAR).

Yo soy el que conoce todos los pensamientos y sentimientos (Ap 2:23, CEV).

Yo escaneo cada motivación (Ap 2:23, MSG).

Este es uno de mis favoritos:

En cambio, Jesús no se confiaba a ellos, porque los conocía a todos; no necesitaba que nadie le informara de nada acerca de los demás, pues Él podía ver el interior del ser humano (Jn 2:24).

¡Jesús veía el interior de los hombres! ¡Con lo que se necesita esta habilidad hoy en día!

Jesús vino como la Luz y la Verdad. No tenía interferencias externas. Nadie le podía engañar bajo falsas apariencias, títulos o palabras cultas. No entraba al juego de las manipulaciones o el intercambio de mentiras. ¡Twitter y Facebook no le causarían buena impresión!

Pues el Señor escudriña todo corazón y discierne todo intento de los pensamientos (1 Cr 28:9) ... pues tal cual es su pensamiento en su corazón, tal es él (Pr 23:7).

Sin embargo, todo ello Dios lo mira a través de su filtro de Amor. Ve el tesoro escondido. Saca a los engañados de sus prisiones mentales, despierta a los perdidos y los devuelve al mundo real.

Jesús no usó la telepatía para condenar a la humanidad. Vino a mostrarnos que Dios está a nuestro favor. Vino a traer justicia para los necesitados y libertad a los cautivos.

Él (Jesús) no juzgará según las apariencias, ni decidirá por lo que sepa de oídas; sino que juzgará con justicia a los desvalidos, y dará un fallo justo en favor de los pobres (Is 11:3, MSG).

La cardio-gnosis o telepatía no es para condenar o maltratar a la gente. Es simplemente para vivir desde una perspectiva más elevada. Es el gozo de conocer y saberte conocido. Es ser vulnerables y honestos los unos para con los otros. Es caminar en la Luz, en verdadera comunidad.

¿Es posible imaginar a Jesús desprovisto de esta habilidad? Yo no puedo imaginarlo.

Entonces, ¿por qué nos imaginamos a nosotros mismos sin esta habilidad?

Cristo, que es vuestra vida, se manifiesta ahora en nosotros. Somos co-revelados con Él en gloria; somos uno con Él, así como Su vida nos revela, nuestra vida le revela a Él (Col 3:4, MIR).

Ya que ¡Él es el Espejo de ti!

CENTROS TELEPÁTICOS: UN CUERPO

Cada uno de nosotros está unido a todos los demás y, juntos, somos lo que no podríamos ser separados (Ro 12:5, TVB).

¿Todavía me sigue alguien? Hemos sobrevivido el capítulo de la TELEPATÍA y ahora tenemos hambre de más. ¡Genial! ¡Hay tantas cosas por descubrir!

Esto continuará hasta que lleguemos a la unidad por la fe y por el pleno conocimiento del Hijo de Dios. Entonces seremos maduros, como Cristo lo es, y seremos completamente como Él (Ef 4:13, CB).

¡Queremos ser totalmente formados en Cristo, a su estatura, plenamente vivos y plenamente revelados!

En este capítulo vamos a ampliar lo que vimos en el anterior y para ello voy a incluir historias de santos, también comentaré cómo la telepatía está presente en nuestras vidas. Luego quiero demostraros que es posible crear comunidades que operen bajo este sistema telepático. De hecho, ¡están a punto de surgir!

No nos ofendamos por esto. Fuimos hechos con esta capacidad. Desde antes de la caída fuimos diseñados así. El libro etíope de Enoc[1] registra que la gente no tenía que apoyarse en libros para transmitir el conocimiento. Los libros no requieren intimidad. Puedes leer una biografía y no conocer nunca a la persona. En el plan original íbamos a vivir por siempre y a impartir conocimiento a través de conexión directa. Adán estaba destinado a ser un libro viviente, abierto, lleno de luz, impartiendo de generación en generación a través de cardio-gnosis.

Todo esto está retornando. Es nuestro futuro. Vemos atisbos de esto en las vidas de los santos. La siguiente historia es fascinante y en ella se relata cómo la mística francesa Jeanne Guyon descubrió que podía comunicarse de corazón a corazón durante un periodo en el que estuvo muy enferma.

Durante esta enfermedad tan extraordinaria, el Señor me fue mostrando, de forma gradual, otro modo de conversación entre almas, en silencio profundo. Cada vez que el Padre La Combe entraba en mi habitación le hablaba únicamente en silencio. Nuestros corazones hablaban entre sí, comunicando gracia sin palabras. Se parecía a ir a un país nuevo tanto para él como para mí, pero era, obviamente, tan divino que no puedo describirlo. Pasábamos horas en este silencio, siempre comunicativo, sin pronunciar una sola palabra, ... después pude comunicarme de esta forma con otras almas, pero fue comunicación en un solo sentido. Yo podía impartir gracia, pero no recibía nada de su parte. Con el Padre La Combe había un intercambio comunicativo de gracia. [2]

¡Qué bonito! Esta es la verdadera Unidad, la unidad según el diseño original. ¿No queremos esto?

San Gerardo Mayela fue otro de los santos que podía leer el corazón de la gente y sabía exactamente lo que había en su interior. La siguiente es una historia muy graciosa en la que pilló a un falso mendigo.

Detestaba la práctica de algunos hombres que se hacían pasar por lisiados para vivir de la caridad de otros. En una ocasión, el santo vio a un hombre que se arrastraba en sus muletas, con una pierna envuelta en vendajes andrajosos, pidiendo limosna... Gerardo se acercó al hombre, le quitó las vendas y le ordenó dejar de hacer ese teatro por el bien de su alma. "Al verse descubierto, el que se hacía pasar por lisiado salió corriendo con sus dos piernas y dejando atrás las muletas".

¡Seguro que esta habilidad era particularmente útil durante las confesiones!

San Felipe Neri también tenía este don de poder leer las almas y los corazones. Con frecuencia usaba este don en el confesionario cuando se olvidaba algún pecado, o cuando el penitente, por vergüenza, omitía algún pecado doloroso. Una vez, un joven no sabía bien cómo describir su pecado, entonces el santo, movido por compasión, le reveló exactamente cómo había ocurrido.[3]

Esto mismo hace falta hoy en día. ¿No estamos hartos de que nos engañen los políticos, los famosos o los ministerios de Youtube? ¡Con internet hace falta muchísimo discernimiento!

Lo cierto es que ya no me puedo imaginar la vida sin esto. He descubierto que la cardio-gnosis es esencial al viajar por todo el mundo. Realmente, no es opcional, si lo que queremos es disciplinar naciones.

Recuerdo la primera vez que mi mujer y yo escuchamos los pensamientos de alguien a la vez. Estábamos en la playa en Gales montando nuestro corta vientos. Había una mujer sentada bastante más atrás. Mi mujer y yo, a la vez, oímos a esta mujer decir: "No quiero que se pongan ahí, me van a bloquear la vista al mar". Nos miramos y dijimos: "¿Has oído eso?" Nos hizo gracia que Dios nos permitiera escuchar eso… y, por supuesto, cogimos nuestras cosas y las montamos más lejos.

He puesto tanto valor en esta habilidad que ya no puedo funcionar sin ella. Con frecuencia, cuando visito alguna congregación, puedo ver cuánta autoridad hay en el líder. Puedo ver si la persona tiene luchas y, a veces, cuáles son. Puedo percibir el pergamino con su destino y si está alineada con él. También puedo percibir si están mintiendo.

Un día estábamos en la Escuela del Espíritu (un curso de nuestra comunidad de creyentes) y un joven se me acercó para hablar de pureza. Tristemente no estaba siendo sincero conmigo. En sus pensamientos pude ver que había dormido con su novia esa misma semana. También tenía otros temas relacionados con drogas. Le sonreí y le abracé. No le dejé en evidencia. Simplemente supe de qué pie cojeaba y cuánto necesitaba a Papá. Necesitaba amor.

He descubierto que la telepatía es más fuerte cuanto más profundo es el estado de unión. Cuando estoy absorto en la presencia, a veces, en un santiamén, puedo ver cómo son las personas realmente. Parece como si las conociera desde hace años. Esto no ocurre siempre, pero me encanta cuando pasa.

También he experimentado cardio-gnosis a gran escala. Durante el tiempo de alabanza en una gran conferencia, el pecho se me llenó de una presencia cálida y como la miel. Mi corazón se hinchó con el amor de Dios. Los pensamientos y sentimientos de todos los presentes se imprimían en mí. Fue muy extraño.

Cuando mi mente se acalla y me centro profundamente en el Señor, a veces, oigo las preguntas de la gente antes de que me las hagan. Sobre todo, me pasa con amigos cercanos. Cuando llevas a alguien en tu corazón resulta más fácil conectar. A veces se me olvida esperar a que me pregunten antes de darles la respuesta. ¡Lo que nos hemos reído con esto!

Que nadie se espante por esto. Hay que mantenerse abiertos. Como ya demostré en el capítulo anterior, todo es bíblico. Veamos otro ejemplo del libro de los Hechos:

Escuchar Ananías estas palabras y caer muerto al suelo fue todo uno, por lo que cuantos oyeron quedaron sobrecogidos de temor. En seguida se acercaron unos jóvenes, amortajaron el cadáver y lo llevaron a enterrar. Unas tres horas más tarde llegó su mujer, que ignoraba lo sucedido. Pedro le preguntó -Dime, ¿es este el valor total de la finca que vendisteis? ... ¿cómo es que os habéis confabulado para provocar al Espíritu del Señor? (Hch 5:5-9).

Pedro discernió lo que había en sus corazones. ¡Increíble! Todos conocemos el resto de la historia, murieron de forma repentina. ¿Os lo imagináis? ¡Chocante! ¿Verdad?

¿Y si Pedro no lo hubiera visto? Toda la iglesia habría sido cómplice de ese engaño y mofa. Haciendo tratos en los mercados de avaricia y orgullo, sometiéndose a la corrupción.

Es necesario que volvamos a tener ese nivel de discernimiento. No podemos seguir jugando con este tema. Lo visible no puede ser nuestra guía. Pablo sabía que lo exterior no es la realidad, sino que es el interior lo que cuenta.

Ya no conocemos a nadie de forma puramente humana (2 Co 5:16 HCSB) ... desde un punto de vista humano (LEB).

Tenemos que ver más allá de la piel y de los rumores positivos o negativos, así como lo hace Dios:

Porque el hombre mira la apariencia externa, pero el Señor mira el corazón (1 S 16:7).

Precisamente así es como funcionan las cosas en el cielo. En esa dimensión oculta más elevada, nuestros pensamientos hablan más alto que nuestras palabras. Comunicamos colores, frecuencias y sonidos.

He visto a los santos TRANSFIGURADOS en el Consejo de Dios. Hablando entre sí con rayos de colores vivientes de alta frecuencia, como si fuera la fibra óptica espiritual. Atrapando los chorros de rosas, azules, anaranjados, amarillos, que fluían de espíritu a espíritu por el aire. Todos ellos interactuando como una especie de mente a modo de colmena viviente. Hablando con más rapidez de lo que es perceptible. Te engancha. Una belleza inmensa.

En la Biblia vemos algo de esto cuando Pablo vio a un hombre de Macedonia aparecer en una visión. Habló con Pablo desde la comunicación telepática.

Aquella noche tuvo Pablo una visión: de pie ante él había un macedonio, que le suplicaba: ¡Ven a Macedonia y ayúdanos! (Hch 16:9).

Algunos llaman a esto "Invasión en Sueños". Era algo común en la vida de los santos. Ian Clayton lo llama "Mensajes de texto del Espíritu". ¡Lo hace con frecuencia!

Llevando el concepto de comunidad a otro nivel, Pablo, el místico radical, vio que era posible que desde la Tierra nos sincronizáramos en centros espirituales. Como yo mismo he visto en mis visitas al Cielo:

Completad mi gozo viviendo en armonía y siendo del mismo sentir, con el mismo propósito, teniendo el mismo amor, yendo todos a una y con una sola y armoniosa intención (Fil 2:2, AMP).

O simplificando ... **tened UNA sola MENTE (2 Co 13:11).**

Esta es la tecnología espiritual "KAINOS". Somos centros comunicativos que transcienden la matriz de espacio-tiempo. Cualquier definición de distancia se canceló en Cristo. De forma mística todos estamos unidos en Amor, en la comunión de Un Solo Cuerpo.

En mi experiencia, cuanto más disfrutamos la unión y más participamos de la presencia de Dios, más profundos son los niveles a los que esta habilidad funciona. Cuanto más revestido estoy de Su Divina esencia, más natural me parece este mundo de gozo perfecto. Por mi parte no puedo hacer nada. Solo a través de la unión alcanzamos la perfección.

La desconexión es una percepción falsa de nuestras mentes. La realidad es la Unidad.

Somos muchos pueblos, pero en Cristo todos somos un cuerpo. Somos los miembros de ese cuerpo y cada uno pertenece al resto (Ro 12:5, ERV).

Cada uno de nosotros está unido al resto, y juntos, llegamos a ser lo que no podríamos ser por separado (Ro 12:5, VOI).

"JUNTOS llegamos a ser lo que no podríamos ser por separado". Me encanta.

El futuro va a estar definido por la UNIDAD.

VISIÓN REMOTA

Jesús le respondió diciéndole, "De veras te aseguro que quien no nazca de nuevo no podrá ver..." (Jn 3:3).

Antes de Cristo, la humanidad estaba estrictamente limitada por el mundo físico. Estábamos atados al espacio y tiempo. Delimitados por nuestros cuerpos. Espiritualmente ciegos. Caídos.

En la nueva creación todo esto ha cambiado. El fruto de nacer de nuevo es la vista. La fe abre nuestros ojos.

Así que ya nunca nos fijamos en lo visible, sino en lo invisible, ya que lo que se ve es transitorio, mientras que lo que no se ve es permanente (2 Co 4:18, PHI).

El apóstol Pablo creía que era natural ver. Instó a sus seguidores a mirar lo invisible, a poner sus ojos en las cosas de Arriba. ¡Pablo era un auténtico místico!

Mirad arriba, y fijaros en lo que ocurre alrededor de Cristo porque ahí es donde está la actividad (Col 3:1, MSG).

Este es otro de los misterios del Evangelio. Juan, el Amado, es quien nos muestra cómo hacerlo. Estaba en el Espíritu en el día del Señor. Oyó una voz y "se giró para ver" (Ap 1). Cuando estamos en el Espíritu nos podemos "girar para ver" según la voluntad de Dios. He descubierto que su deseo es enseñarnos su mundo. Quiere que lo veamos.

Los gobiernos del mundo son conscientes de que los humanos (aun en su estado caído) tienen cierta capacidad para ver cosas distantes. Como la telepatía, esto se sale de los parámetros de comprensión científica actuales. Sin embargo, se sabe que hay algo y llaman a esta habilidad "Visión Remota".

Visión remota (VR) es la práctica de buscar impresiones sobre un objeto distante u oculto, usando medios subjetivos, en especial la percepción extrasensorial o la "intuición mental". [1]

Los EEUU desarrollaron un proyecto para investigar este tema. Lo llamaron "Proyecto Stargate". Aunque suena a ciencia ficción es cierto. El programa duró 20 años y acabó en 1995. La versión oficial dice que fue un fracaso. Sin embargo, ahondando un poco se puede encontrar evidencia de que hay personas en las que esta habilidad está muy desarrollada. Hubo un hombre capaz de identificar rasgos del Sistema Solar antes de que la NASA mandara allí sus satélites. ¡Aquí se cuece algo!

Si el hombre natural puede tener acceso a ciertos niveles de competencia en esta habilidad, ¿cuánto más no podremos nosotros, los hijos "KAINOS" que hemos recibido y participamos de la Naturaleza Divina, ser capaces de ver?

La pionera Nancy Coen llama "Visión Ilimitada" a esta habilidad de la nueva creación.

¡Es fantástico! ¡Un don tan increíble! Ni el telescopio Hubble se puede comparar con nuestro campo de visión. ¿Has observado el cosmos con Jesús?

Conforme esta era se cierra y comienza la nueva, nuestra visión ganará claridad. Llegaremos a la mayoría de edad.

En cambio, el alimento sólido es para los adultos, es decir, para aquellos que a base de practicar han ejercitado sus sentidos espirituales (Heb 5:14).

Lo que en otro tiempo fue solo para los profetas, será lo normal para todos. Veamos algunos ejemplos:

¿Te gustaría proteger a tu país de ataques? Esto es exactamente lo que Eliseo hizo por Israel. Cada vez que el rey de Siria planeaba invadir, Israel estaba preparado y ganaba la batalla. ¡Habían sido alertados! El rey se enfurecía, ¿es que había algún espía en el campamento?

El rey de Siria, enfurecido por lo que estaba pasando, llamó a sus ministros y les reclamó: ¿Quién de los nuestros está informando al rey de Israel?

Entonces uno de sus siervos le dijo: "No, rey señor mío, sino que el profeta Eliseo que <u>está</u> en Israel le comunica al rey de Israel las palabras que tú hablas en tu alcoba" (2 R 6:11-12).

Eliseo había aprendido el misterio que os estoy enseñando ahora mismo. Fue un escudo para su nación y la protegió de la maldad. Ayudó al gobierno. Vivía más allá de las limitaciones de su ubicación. Conocía a los cabales y a los corruptos del gobierno de su generación.

Dios me dijo: "Entra y observa las malvadas abominaciones que allí cometen." Yo entré, y a lo largo del muro vi pinturas de todo tipo: figuras de reptiles y de otros animales repugnantes y todos los ídolos malolientes de la casa de Israel. Setenta jefes israelitas estaban de pie frente a los ídolos rindiéndoles culto. Entre ellos se encontraba Jazanías hijo de Safán. Cada uno tenía en la mano un incensario, del cual subía una fragante nube de incienso. Y Él me dijo: "Hijo de hombre, ¿ves lo que hacen los jefes israelitas en los oscuros nichos de sus ídolos? Andan diciendo: "No hay ningún Señor que nos vea. El Señor ha abandonado el país" (Ez 8:9-12).

¿Esta gente malvada pensó que sus actos quedarían sin castigo porque el Señor no ve? ¿Hay gente que piensa esto hoy en día? ¿Cuántos gobiernos y corporaciones están tomando decisiones poco éticas? Piensan que lo que hacen se queda oculto, pero pronto saldrá a la luz.

Así que no les temáis. Porque no hay nada oculto que no llegue a revelarse, ni nada escondido que no llegue a conocerse (Mt 10:26).

Creo que, en el futuro en cada nación, se reunirán grupos de Ecclesia que podrán ver, oír y entender. Funcionarán con ciencia infusa y brillarán con Sabiduría.

Vemos atisbos de todo esto, que está por venir, en las historias del pasado, especialmente las de los santos Celtas. En una época donde no había ni móviles ni "Facebook", ellos disponían de "Visión Ilimitada" y cardio-gnosis para mantenerse conectados. Estaban al corriente de lo que pasaba:

Un día, estando en Iona, (una pequeña isla al oeste de Escocia y conocida por su actividad sobrenatural) San Columba, de repente, dejó su lectura y dijo con una sonrisa: "Ahora me tengo que apresurar y llegar a la iglesia para implorar a Dios por una pobre jovencita a

quien los dolores de un parto terriblemente difícil están torturando y que, ahora mismo, desde Irlanda, me está llamando. Pues espera que, a través de mí, el Señor la alivie de su angustia, y es que ella es pariente mía pues su padre era familia de mi madre". [2]

¡Ella lo llama! Hizo contacto de espíritu a espíritu por medio de la cardiognosis. Mandó un mensaje de texto espiritual. Cuando el corazón se mueve, el espíritu le sigue. Si la otra persona está abierta y consciente nos pueden percibir y responder. Es una llamada espiritual.

La historia de Columba continua así:

San Columba, conmovido por la joven corrió hasta la iglesia donde se arrodilló en oración a Cristo, el Hijo del Hombre. Tras orar, salió de allí y comentó con aquellos con los que se cruzó: "Nuestro Señor Jesucristo nacido de mujer, ha mostrado su favor a esta pobre chica y la ha socorrido en el tiempo de su angustia. Ha dado a luz con éxito y no hay peligro de muerte".

Tiempo después, la gente local confirmó como cierto todo lo que Columba había dicho. Para Columba esto era normal. Lo profético funcionaba con claridad y precisión, algo que volveremos a ver conforme los nuevos oráculos de Dios emerjan por toda la Tierra. Serán personas como Samuel, cuyas palabras nunca fallaron. Estamos por ver un ministerio profético de mayor autoridad.

En la siguiente historia, Columba conoció a un hombre en un hostal. Nada más verlo Columba supo de dónde era y los que estaba pasando con su familia en ese preciso momento.

Al verle, el santo le preguntó: "¿Dónde vive usted?" "En Cruach Rannoch, junto a la orilla del lago". "Ese distrito que mencionas, es justo donde unos merodeadores crueles están haciéndose con todas las posesiones del pueblo", dijo el santo. El pobre hombre, al oír esto empezó a preocuparse mucho por su mujer y sus hijos, pero el santo le consoló diciendo: "Ve, querido amigo, ve. Toda tu familia ha escapado y se ha refugiado en las montañas, los forajidos se han hecho con todo tu ganado y también se han llevado todos los muebles de tu casa". Al regresar a casa, el hombre descubrió que todo lo que Columba había dicho se había cumplido.

El fallecido profeta Bob Jones solía tener experiencias parecidas a esta.

Algunas de esas historias son muy graciosas. Hace unos años, recuerdo cuando organizamos una conferencia en Gales, en la que Jeff Jansen (Global Fire Ministries) iba a participar como ponente. Jeff estaba en la habitación de su hotel descansando. Al mirarse en el espejo vio a Bob Jones (uno de sus mentores) de pie detrás de él. Sorprendido, Jeff se giró para descubrir que seguía estando totalmente solo en la habitación. Entonces Jeff llamó a Bob, que estaba en América, para ver si realmente era él a quien había visto. Bob se rio y le dijo: "Sí, sólo estaba comprobando que mis chicos estaban bien". Por el afecto que le tenía, Bob se quería cerciorar de que Jeff estaba bien en Gales. ¡Me encanta! ¡Ésta es la vida "KAINOS"!

Lo que he aprendido del Señor es que, si tienes gran afecto por alguien, si lo amas y lo guardas en tu corazón como si fuera un tesoro, entonces puedes ver y sentir más cosas de sus vidas. Tu espíritu sigue a tu corazón. (2 R 5:26)

He visto acontecimientos a distancia. En sueños, he presenciado reuniones y conversaciones. Una vez vi lo que mi mujer Rachel estaba haciendo en la cocina mientras yo estaba en el salón. Alguna vez, hasta se me ha permitido ver más allá de esta tierra y he visto cosas en el espacio.

Nuestro Hermano mayor es el prototipo. Él es la Roca en la cual asentamos nuestras vidas. Jesús vivió libre de limitaciones humanas y podía ver más allá de lo que permiten ver los ojos naturales.

Vio a Natanael antes de encontrarse con él. Esta palabra específica sobre la higuera atravesó el corazón de Natanael, e inmediatamente creyó.

¿No nos ha pasado esto alguna vez? ¿Conocer a alguien por primera vez y tener la sensación de que ya le conocíamos? A lo mejor, en nuestro espíritu ya lo habíamos visto. Es sorprendente lo activo que es nuestro ser espiritual. Está siempre en movimiento, especialmente por la noche. Nunca duerme.

Nuestra visión no se limita ni a personas ni a naciones. Claro que podemos ver acontecimientos a distancia como Eliseo y el rey de Siria, pero también podemos ver el mundo de los cielos. Jesús dijo:

Y les dijo: "Yo veía a satanás caer del cielo como un rayo" (Lc 10:19).

Jesús, en colaboración con el Padre, veía las diferentes dimensiones en todo momento. De hecho, para funcionar como verdaderos hijos maduros tenemos que poder ver.

Entonces Jesús les afirmó: "Ciertamente les aseguro que el hijo no puede hacer nada por su propia cuenta, sino solamente lo que ve que su padre hace, porque cualquier cosa que el padre hace, la hace también el hijo." (Jn 5:19) Yo hablo de lo que he visto en presencia del Padre; así, también ustedes, hagan lo que del Padre han escuchado (Jn 8:38, NVI).

El mundo entero está expuesto a Su visión.

Los ojos del Señor recorren la tierra (2 Cr 16:9 ISV)

¿Adónde podría alejarme de tu Espíritu? ¿Adónde podría huir de tu presencia? Si subiera al cielo, allí estás tú; si tendiera mi lecho en el fondo del abismo, también estás allí. Si me elevara sobre las alas del alba, o me estableciera en los extremos del mar, aun allí tu mano me guiaría, ¡me sostendría tu mano derecha! (Sal 139:7-10).

El salmista comprendía que el espíritu de Dios está en todas partes, llenándolo todo, incluido el infierno. La Creación es más pequeña que la Trinidad. Incluso los cielos de los cielos son pequeños ante Él.

El cielo y el cielo de los cielos no pueden contenerte (1 R 8:27).

(Jesús) que bajó del cielo, es el mismo que ascendió a los cielos. Hizo esto para estar en todas partes (Ef 4:10, WE).

¡Esto me encanta! Estos versículos son oro puro. ¡Compuertas del Océano Divino! ¡Saltemos adentro!

Es aquí donde la cosa se vuelve fascinante para los que somos hijos. ¿No estamos unidos a su espíritu ahora? ¿Acaso no es el evangelio un mensaje de unión con Él? ¿Un matrimonio espiritual? ¡Sí!

Pero el que se une a sí mismo con el Señor se hace UN espíritu con Él (1 Co 6:17, WE).

En cierto modo, en una forma mística, tenemos acceso a CUALQUIER LUGAR en Cristo porque ya estamos en Cristo. ¡Estamos en Él y Cristo en nosotros! Como dijo Pablo:

El Espíritu de Dios nos llama con señas. ¡Hay cosas que hacer y lugares a los que ir! (Ro 8:14, MSG).

¡Me apasiona esa invitación! Como Aladín en la película de Disney, el Espíritu Santo se nos acerca y pregunta "¿Confías en mí?". Para los que no han visto la película, la chica, Jasmine, se está pensando la invitación a volar, pero al final, salta a la alfombra mágica con Aladín. Entonces empiezan a cantar una canción increíble sobre "ver un nuevo mundo" (¿nos suena de algo?).[3]

Aladín se pone a cantar **"Puedo abrirte los ojos, llevarte de asombro en asombro..."**

Esta imagen profetiza lo que es moverse en el Espíritu. No da miedo. Estamos con Él. No estamos solos. Él nos lleva. Él nos muestra. ¡Es la UNIÓN la que nos hace volar en su gracia!

Jasmine también canta en respuesta a Aladín:

"Soy como una estrella fugaz, he llegado tan lejos que ya no es posible volver atrás."

Este es el deseo del cielo para nosotros. Que lleguemos tan lejos que no haya retorno. ¡Justo como Enoc!

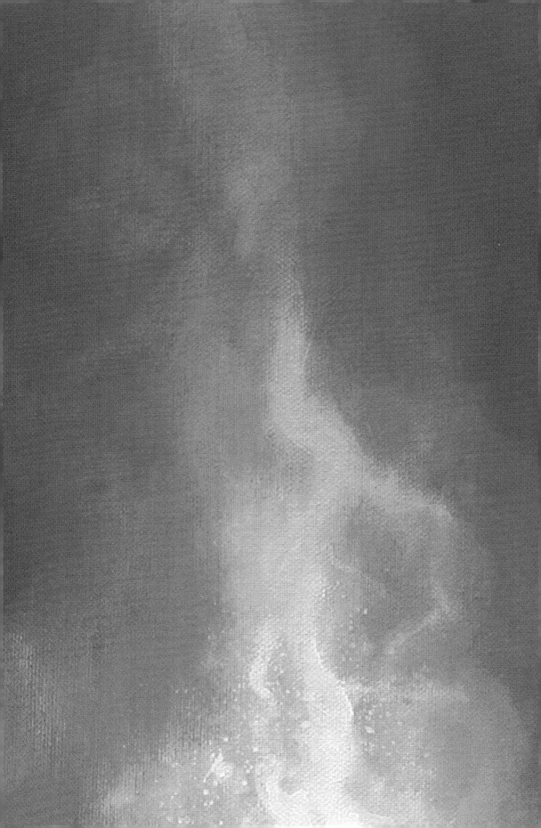

¡Me alegro de que sigáis ahí! Sé que para algunos de vosotros se han planteado temas que os han descolocado un poco. Aún así, hemos progresado y, ahora, es el momento de prepararnos para recibir más. Fuimos diseñados para esto. Estoy convencido de que en el futuro todo lo que ahora comentamos parecerá sencillo. Estamos entrando en una nueva era.

Expandamos nuestras definiciones de lo que es posible AHORA. La Iglesia se ha contentado con poco. En este capítulo vamos a disfrutar con otro paquete de habilidades místicas que nacen de nuestra unión con lo Divino. Estas habilidades son "la ciencia infusa" y los "corazones expandidos".

Como los *Tardis* de Doctor Who, (sí, soy un friki) somos mucho más grandes por dentro que por fuera. Todas las riquezas y misterios del Cielo se almacenan en el interior. Sólo tenemos que aprender a sacar este tesoro para ayudar al mundo. Viviendo desde dentro hacia afuera.

Empecemos con la ciencia infusa, la cual se puede definir como:

El don de conocimiento natural (secular) y sobrenatural (espiritual) otorgado de forma milagrosa por Dios. Considerado por algunos como el don que tuvieron Adán y Eva al haber sido creados en estado adulto y por ser los primeros maestros de la raza humana. [1]

La ciencia infusa es conocimiento impartido directamente por Dios. No se consigue con el estudio terrenal. No es natural. ¡Es sobrenatural! No se limita a ningún tema. Puede referirse a la ciencia, la música, los idiomas, el tiempo, a la gente, al arte, o incluso al Cosmos. Puede presentarse de forma repentina o de forma gradual. Es fruto de la unión mística.

Yo soy la vid y vosotros los pámpanos. Cuando permanecéis unidos a mí y yo a vosotros, la relación es íntima y orgánica, y la cosecha es sin duda abundante. Separados de mí, no podéis hacer nada (Jn 15:7, MSG).

Lo sorprendente de la ciencia infusa es que, a veces, puede aparecer en secreto, sin saberse cómo llegó. Puede empapar tu corazón durante la noche o estando en Su presencia.

Pues Dios habla de una u otra manera,

Aunque el hombre no lo perciba.

Algunas veces en sueños, otras veces en visiones nocturnas,

Cuando el sueño cae sobre los hombres,

Cuando se adormece sobre el lecho,

Entonces revela al oído de los hombres,

Y les señala su consejo (les sella sus instrucciones)

(Jb 33:14-16).

Hace años quedé muy impactado escuchando a Joshua Mills, de New Wine International. Joshua compartió una experiencia de cuando siendo adolescente tuvo un encuentro poderoso con Dios. Se encontraba en una reunión de iglesia y se sintió embriagado por el Espíritu Santo. A la mañana siguiente, Joshua se levantó con la habilidad de saber tocar el teclado y de componer canciones. Allí estaba todo, simplemente era capaz de hacerlo. Dios había "sellado la instrucción" en su mente durante la noche. ¿No nos gustaría eso? ¡Descargas Divinas!

La ciencia infusa está vinculada a la unión. Solemos hablar de esto en nuestros Podcasts. Es simplemente uno de los frutos de la amistad. Una de las marcas que definen el auténtico éxtasis espiritual.

Una vez experimenté esto en un avión mientras viajaba a unas conferencias para jóvenes en Francia. Estaba disfrutando la dulzura de Dios cuando, de repente, fui arrebatado. En un abrir y cerrar de ojos me encontré en el Cielo. Vi los "Libros del Futuro" y recibí entendimiento sobre Enoc. Comprendí que la Ecclesia reconstruirá ciudades derruidas, remodelará la Tierra y transformará el ADN. Se me había infundido Isaías

61:3-4 ¡Fascinante!

Algunos creen que Adán tenía este tipo de conocimiento, que los primeros humanos tenían 100% de poder mental. Adán no tuvo que aprender a hablar o andar, sino que fue creado totalmente operativo. Nació adulto. Adán sabía cómo trabajar la tierra y cómo crear tecnología. Recibió conocimiento sobre los animales y las plantas. Conocía su naturaleza.

Podemos observar esta misma habilidad en Jesús. Con la mujer junto al pozo, Jesús sabía toda la historia de su vida. Nada le era oculto. ¡Ella quedó sorprendida!

Muchos de los samaritanos que vivían en aquel pueblo creyeron en él por el testimonio que daba la mujer: "Me dijo todo lo que he hecho" (Jn 4:39).

La conocía íntimamente. Conocía su historia, comprendía su dolor. Esto no era conocimiento natural sino a través del Espíritu. El Padre se lo dio (1 Co 2:10).

¿Nos ha pasado esto alguna vez? ¿Recibir una descarga instantánea de información de parte de Dios?

La historia de la iglesia está plagada de relatos como este. Yo me suelo fijar en los santos celtas. Son como faros a través de los tiempos, inspirando esperanza sobre las islas británicas. En la siguiente historia, santa Bridget y sus amigas esperaban para reunirse con un jefe de clan para discutir un caso.

A Bridget le encantaba la música, y un día, en la fortaleza de un jefe de clan en un lugar cerca de Knockaney (condado de Limerick en Irlanda) Bridget fue a pedir la libertad de uno de los prisioneros. Le dijeron que tendría que esperar a que el jefe llegara sentada junto al tutor de este. Mientras esperaba vio unas arpas colgadas en la pared. Pidió música, pero los arpistas no estaban. Las hermanas con las que viajaba le dijeron al anciano que tomara un arpa y que, mientras Bridget estuviera presente, él sería capaz de tocarla. El hombre cogió un arpa de la pared, y con torpeza recorrió las cuerdas con los dedos, pero entonces, de repente, se encontró con que podía producir acordes y armonías. Otro de los de la casa cogió otra arpa y volvió a pasar lo mismo. Al parecer, el lugar se llenó

de música festiva y el jefe, al volver a casa, alcanzó a escucharla. También escuchó a su tutor reír, lo cual era inusual. Agradado con tal recibimiento, el jefe del clan concedió a Bridget todo lo que esta le pidió. [2]

¡La gloria invadiéndolo todo! Queremos más de esto hoy en día. En el trabajo, en casa, en las escuelas. ¿Nos lo podemos imaginar? Yo sueño con esto. ¡Puedo ver las islas británicas resonando con júbilo!

Este milagro no se limita a tiempos antiguos. John G. Lake, el evangelista americano, también experimentó ciencia infusa. Un día, John iba a coger un tren y tenía un gran deseo de hablar sobre Jesús a unos italianos que estaban en el mismo andén.

Mientras recorría el andén en uno y otro sentido iba diciéndole a Dios: "¡Cuánto me gustaría poder hablar con estos hombres de Cristo y de Su poder para salvar!"

El Espíritu me dijo: "Puedes". [3]

¿Qué? "¡Puedes!" Eso es lo que Dios dice.

Lo que ocurrió después es pura gloria:

Me acerqué a ellos y, mientras lo hacía, observé que comencé a hablar en un idioma extranjero. Me dirigí a uno de los hombres del grupo y me contestó en italiano. Le pregunté de dónde era y me dijo que de Nápoles. Durante quince minutos, Dios me permitió hablar sobre las verdades de Cristo y del poder de Dios a aquel grupo de trabajadores en italiano, un idioma que desconocía por completo.

John G. Lake profetizó que llovería gracia para ungir a una generación futura con la capacidad de hablar en TODOS los idiomas. A su entender, lo que pasó fue un pequeño anticipo de lo que iba a venir.

¡Si pudiéramos hacer esto ahora! Todos nosotros hablando en MUCHOS idiomas. Los medios de comunicación quedarían maravillados. Sacudiríamos el mundo. Yo me atrevo a creer que tales cosas sucederán. Como dijo Pablo:

Si parecemos locos es para la gloria de Dios (2 Co 5:13, NLT).

El segundo poder "KAINOS" que forma parte del lote, es lo que llamo "corazón expandido". Es una capacidad sobrenatural de aplicar conocimiento, resolver acertijos, encontrar soluciones.

Es un corazón sabio más allá de lo que es natural. Es algo en lo que Salomón y muchos otros santos caminaron. Leamos este versículo e imaginémonos que nos pasa ahora mismo:

Dios le dio a Salomón sabiduría y prudencia muy grandes, y el más ancho de los corazones. Nada le superaba, no había nada que no pudiera manejar (MSG).

Elohím le dio a Salomón sabiduría, inteligencia, y una mente tan ilimitada como la arena de la orilla del mar (1 R 4:29, NOG).

¡Guau! ¡Me encanta eso de la mente Ilimitada!

La Biblia está repleta de personas que funcionaron así, aun antes de la nueva creación. Pequeñas señales anunciando un día más grande. Daniel fue uno de ellos. En el espíritu, tomó responsabilidad sobre toda una nación y, sobre esto, recayó autoridad y un corazón expandido.

Parece estar dotado de un saber y de una inteligencia extraordinarios, capaz de interpretar sueños, descifrar enigmas y resolver complicados problemas (Dn 5:12, AMP).

Lo podía hacer todo; interpretar sueños, resolver misterios, explicar enigmas (MSG).

Desbloquear misterios y solucionar problemas peliagudos (CJB).

Nada superaba a Daniel. Nada… Pensemos en ello.

Algunos creen que sólo usamos un 10% de nuestra capacidad mental. ¿Para qué está el 90% restante? Quizás el resto esté para un grado de mayor consciencia y de participación dimensional, es decir, lo que conocemos como ámbito espiritual.

Porque el Hijo del Hombre vino a buscar y salvar lo que estaba perdido (CJB).

El fallecido Bob Jones profetizó que empezaríamos a ver un incremento de nuestras habilidades cognitivas conforme nos acercáramos al tiempo de la cosecha. Yo lo creo.

Es imposible entender los tiempos en los que vivimos sin comprender que tanto la revelación como la sabiduría aumentarán significativamente.

Y vuestros hijos y vuestras hijas profetizarán; tendrán visiones los jóvenes y sueños los ancianos. Cuando llegue el tiempo derramaré

mi Espíritu sobre los que me sirven, tanto hombres como mujeres, y profetizarán (Hch 2:17, MSG).

¡Esto es un cambio descomunal! ¡Estamos en la era de la Verdad Revelada! Y va en aumento.

En los tiempos de Enoc era lo contrario. La sabiduría no podía encontrar donde asentarse. Era una generación rebelde y sin ley que no amaba a Dios. Fueron tiempos oscuros. La sabiduría permaneció encerrada en los cielos. *El Libro Perdido de Enoc* dice:

Parecía extraño que la sabiduría no encontrara lugar donde residir, entonces se le asignó un lugar en los cielos... Había salido para hacer su morada entre los hijos de los hombres, pero no halló donde asentarse. Volvió a su lugar y se sentó entre los ángeles.

Sin embargo, Enoc vio un tiempo cuando esto sería diferente. Un tiempo en el que la gente iría al Cielo a beber de las fuentes de la Sabiduría. Vio la Ecclesia emergente mucho antes de que llegara ese día.

Vi la fuente de justicia, que nunca se agota. Alrededor había otras fuentes de sabiduría. Los que tenían sed bebían de esa agua y se llenaban de sabiduría.

¡Centros místicos ascendiendo a Sión para aprender los caminos de Dios! ¡Me encanta! Ya ha comenzado.

Enoc vio como la Sabiduría saturaría la Tierra con los secretos de la justicia. El día de la invasión del conocimiento. ¡Un derramamiento del Espíritu de Sabiduría!

La Sabiduría será vertida como agua y la gloria de Dios jamás faltará. Pues Él es poderoso en todas las cosas y en todos los secretos de la justicia.

Estamos en ese tiempo. Yo lo creo. Yo lo veo. Hemos conocido gente "KAINOS" que ha recibido tecnología informática, diseños de coches, ideas para extender la vida, algoritmos de vanguardia, nano tecnología y más. ¡Algunas de estas cosas son locura! Pero está ocurriendo ahora mismo, con frecuencia, en secreto. He visitado las instalaciones de una nueva creación para verlo con mis propios ojos. Lo que allí vi fue asombroso. ¡Me encantó!

¿Lo queremos?

Sorprendentemente, Dios mismo quiere esto para nosotros, e incluso aún más.

Es el deseo de vuestro Padre daros el Reino (Lc 12:32).

¡No lo dudemos! ¡Al Padre le PLACE darnos el Reino!

Clama a Mí, y yo responderé; y te enseñaré cosas grandes y ocultas que tu no conoces (NKJV) ... y te contaré cosas maravillosas que nunca podrías imaginar por tu propia cuenta (MSG) ... cosas más allá de lo que puedas imaginar (VOI) (Jer 33:3).

Es posible que no nos sintamos cualificados para caminar en esto. El Evangelio es el mensaje feliz; que no éramos aptos y que por eso Jesús lo hizo por nosotros. Él vivió la vida perfecta por nosotros. De esta manera, el Reino es ahora nuestra pertenencia, por la fe. ¡Es un acto de creer, no de hacer!

Esta gracia se está extendiendo por pequeños grupos por toda la tierra. De nuevo se están gestando centros de gobierno, en salones de casas, en casas de oración, en iglesias guiadas por el Espíritu, en la oficina, en el lugar secreto.

En un sueño vi cómo el propio Cielo entrenaba a un ama de casa. Mientras limpiaba se le iban revelando los secretos del Reino. Esta enseñanza continuó durante años hasta que se le comisionó a enseñar. Así, un día salió y empezó a hablar. Nada la paraba. Era un oráculo.

No hay nada escondido que no esté destinado a descubrirse; tampoco hay nada oculto que no esté destinado a salir a la luz (Mr 4:22).

Los gobiernos buscarán a personas como ella para invitarlas a reuniones, y para recibir oraciones y ministerio profético de ellas. Serán personas clave a la hora de resolver los problemas de la actualidad. No se dejarán comprar ni convencer por hombres, solamente el cielo las moverá, sentadas en Cristo, en el reposo del trabajo terminado. Serán ministerios de "Palabra Viviente".

Mi decisión de mencionar esto se basa en la firme convicción de que hemos sido escogidos para conocer estos misterios. Hemos nacido en el tiempo en el que la Sabiduría descenderá como lluvia. Al igual que Salomón, vamos a expandirnos más allá de lo que jamás habríamos imaginado.

Dios le dio a [nombre del lector] el más profundo de los conocimientos y el más grande de los corazones. No había nada que superara a [nombre del lector], nada que [nombre del lector] no pudiera manejar (1 R 4:29, MSG).

Hay que decirlo. Verlo. Ansiarlo. Soñarlo. Verlo. ¡Creerlo!

Con la fe inocente "KAINOS", que es como la de un niño, asomémonos a ver cuál es nuestra herencia.

Si vivís en Mí [permanecéis vitalmente unidos a Mí] y Mis palabras permanecen en vosotros y continúan viviendo en vuestros corazones, pedid lo que queráis, y os será hecho (Jn 15:7, AMP).

La Unidad nos lleva a las palabras permaneciendo y viviendo en ti.

Los nuevos oráculos están llegando... a lo mejor, antes de lo que pensamos.

En 2014 empecé a tener pequeñas revelaciones sobre un misterio. Los hijos están diseñados para ser capaces de hacer, por el Espíritu, cosas que la tecnología natural también hace en la Tierra. Esta tecnología lo que realmente hace es revelar principios ocultos. Es una manifestación de la bondad de Dios.

En el mundo natural hemos podido observar cambios asombrosos en la tecnología de los transportes. Mi padre me contó que cuando él era pequeño volar era un lujo. Era muy raro que la gente normal viajara al extranjero. Si miramos una generación más atrás, eran los coches los que se consideraban un lujo, más atrás aun y la gente viajaba en carruajes y a caballo.

Una de las tecnologías "KAINOS" está vinculada al transporte. Es la habilidad sobrenatural de teleportarse de un lugar a otro. Se me ha dejado ver que algunas personas radicales VIVIRÁN en el Espíritu, Y se MOVERÁN en el Espíritu.

Pues en Él vivimos y nos movemos y tenemos nuestra existencia (Hch 17:28).

A lo mejor esto es lo que vio Daniel al mirar hacia el futuro:

Muchos viajarán de aquí para allá (Dan 12:4, GW).

De hecho, creo que se convertirá en una habilidad esencial en un mundo cada vez más monitorizado electrónicamente, donde las fronteras entre países son cada vez más rígidas. La creación "KAINOS" transciende los límites geográfico temporales.

La Tierra es del Señor y todo lo que en ella hay.

De nuevo volvemos la mirada al Prototipo, para recordar quiénes somos y lo que somos capaces de hacer. Con un cuerpo que podía comer y se podía tocar, Jesús se transportó al interior de la habitación en un instante:

Todavía estaba hablando de estas cosas, cuando Jesús se puso en medio de ellos y les dijo: "¡La paz sea con vosotros!" Sorprendidos y muy asustados, creían estar viendo un fantasma. Pero Jesús les dijo: "¿Por qué os asustáis y por qué dudáis tanto en vuestros corazones? Mirad mis manos y mis pies: soy yo mismo. Tocadme y miradme. Los fantasmas no tienen carne ni huesos, como veis, yo sí tengo (Lc 24:36-39).

Esta historia es tan espectacular… Mi hubiera gustado estar allí. Me encanta.

Esta no fue la única teleportación de Jesús. En otra ocasión, Jesús, de forma instantánea, movió a los discípulos y su barca a través del lago. Sucedió después de haber caminado sobre las aguas:

Pero Jesús les dijo: "Soy yo, no tengáis miedo." Entonces quisieron subirlo a bordo, pero EN SEGUIDA la barca tocó tierra en el lugar al que se dirigían (Jn 6:21).

Me gusta como lo dice la Nueva Traducción Viviente:

Inmediatamente, ¡llegaron a su destino! (Jn 6:21, NLT).

Si nos pasara eso… Nos metemos en el coche y al instante ¡hemos llegado! El navegador (GPS) dice: "Ha llegado a su destino." ¡Ha! Eso es lo que quiero. Llegar al instante.

Después de que Jesús dejara la Tierra, la iglesia primitiva siguió moviéndose en este tipo de milagro de teleportación. Felipe apareció a 64 Km de distancia en un abrir y cerrar de ojos:

Y tanto Felipe como el eunuco bajaron al agua y Felipe le bautizó. Al salir ambos del agua, el Espíritu del Señor arrebató a Felipe; el eunuco no volvió a verlo, pero siguió su camino lleno de alegría. Felipe, a su vez, se encontró en Azoto, circunstancia que aprovechó para anunciar la buena noticia en las ciudades por las que fue pasando hasta llegar a Cesárea (Hch 8:38-40).

Esta habilidad fue normal incluso para algunos en el Antiguo Testamento. El espíritu solía mover a Elías por todo Israel. Esto pasaba con tanta frecuencia que un día le tuvieron que pedir que se quedara quieto en un sitio por un tiempo (1Re 18:12). Elías tuvo que prometer que no desaparecería, ¡ahí es nada!

Todos estamos yendo en esta dirección. La vida "KAINOS" es moverse en el Espíritu y Poder de Elías.

Uno de mis héroes es el fallecido John Paul Jackson. Él me honró y nunca lo olvidaré. John Paul tuvo muchas experiencias inusuales. En la siguiente historia cuenta cómo un hombre fue transportado desde Méjico hasta la habitación del hotel en Suiza donde John Paul se encontraba.

Estaba en Ginebra, Suiza. Durante veintiún días había estado viajando sin encontrarme muy bien. Lo cierto es que me encontraba muy enfermo... No lo pasé nada bien. Al salir del aeropuerto de Los Ángeles pensé que iría mejorando... veintiún días después, me encontraba peor.

Eran las 2:30 de la madrugada. Todo el cuerpo me dolía tanto que no podía dormir, sólo intentaba no retorcerme por el dolor. Miro el reloj y veo que son las 2:30, luego miro a la derecha y veo a un hombre de pie. ¡Estoy peor de lo que creía! Creo que estoy alucinando. No hay nadie. Es sólo una alucinación.

Entonces dije, "Señor, si eres tú, quiero que me toques y que ores por mí, ...que él ponga su mano sobre mi mano. No quiero nada de esas cosas del Espíritu que te atraviesan. Lo que quiero es sentir el peso de su mano y ser sanado."

Seguramente andaba entre los 70 y los 80 años, tenía la piel muy curtida por el sol y, por su apariencia, parecía español o mejicano. Me dijo: "he venido a orar por ti para que te pongas bien." Entonces pone su mano sobre mí y ora. Sentí como si un pergamino entrara en mi cuerpo. Parecía miel espesa y conforme se abría sobre mi cuerpo esa zona dejaba de sentir dolor. Se abrió desde mi cabeza hasta la punta de mis pies y, al instante, fui sanado. Le miré y él me sonrió y desapareció delante de mis ojos.

¡Había sido sanado! Estaba tan feliz que me levanté a alabar a Dios. Le di las gracias por mandar a uno de sus ángeles... Él me dijo, "Era

un siervo Mío de Méjico que vive en un pequeño pueblecito y que me estaba suplicando que lo usara de alguna forma. Así que lo llevé y lo traje de vuelta."[1]

Al contar la historia, John Paul se rio y dijo:

¿Nos podemos imaginar que nosotros hubiéramos sido ese hombre? Sé que esto va a pasar.[2]

Yo lo quiero. Creo que estamos preparados para la aventura. ¡Está en nuestro ADN!

A mi buen amigo Matthew Nagy (Glory Company) lo que le suele pasar es que subiendo las escaleras a su oficina se encuentra en un piso superior al que debería estar, es transportado. Esto siempre le pilla por sorpresa. Él se centra en la dulce presencia de Jesús, y cuando se quiere dar cuenta… ¡está un piso más arriba! A mi me gusta cómo suena esto.

¡Me encantan los atajos! A mis amigos John y Ruth Filler lo que les pasó es que vinieron a Oregón (EEUU) a una conferencia donde yo compartía. Tardaron tres horas en llegar, pero el camino de regreso lo hicieron en la mitad de tiempo, conduciendo a la velocidad de siempre. ¿No es esto increíble? Es lo que yo llamo "tiempo a tu favor" (véase Ef 5:16)

Muchas personas me mandan correos con historias muy parecidas. Esta habilidad "KAINOS" para dar forma al tiempo y a la realidad está aumentando. Lo raro es que gente que ha salido tarde de sus casas han llegado a su hora a la reunión. ¡No tiene explicación! ¡Es una locura! ¿es muy divertido!

Hace un tiempo pasé unos días de vacaciones con Ian Clayton y unos amigos en la preciosa Nueva Zelanda. Justo acabábamos de visitar las famosas piscinas volcánicas, Ian iba conduciendo por las carreteras comarcales llenas de curvas. Estábamos en lo alto de la montaña mirando hacia el valle. Al instante, nos encontramos al pie de la montaña. ¡Cuánto nos reímos! Lo hubiera disfrutado mucho más de no haber ido conduciendo Ian, ¡pasé tanto miedo! ¡Fue una locura (todo cierto)!

La historia nos demuestra que Dios está dispuesto a darles la mano a sus amigos para ayudarles. Él premia la amistad. Uno de los relatos que ilustran esto se remonta a la Iglesia primitiva, la historia de san Amón. El santo iba viajando con su discípulo Teodoro:

Cuando llegaron al arroyo que habían planeado cruzar, se dieron cuenta de que el nivel del agua había subido y las orillas se habían inundado. En vez de cruzar andando tendrían que nadar. Se separaron para desvestirse, pero san Amón, demasiado pudoroso como para nadar desnudo, estaba intentando decidirse cuando, de repente, se encontró en la otra orilla. Teodoro, saliendo del agua y viendo que el santo había cruzado sin mojarse, le pidió que le explicara lo que había pasado. Tanto insistió que, al final, el santo confesó el milagro.[3]

Creo que a Bear Grylls (del Último Superviviente) le hubiera venido bien este tipo de milagro en más de una ocasión.

Parece que el deseo es una fuerza poderosa a la hora de crear posibilidades espirituales. La expectativa produce fe. La fe produce evidencia de lo que no se ve. La fe da forma a la realidad.

En la próxima historia san Dominico quería pasar toda la noche de vigilia orando en la iglesia, pero estaba cerrada desde la tarde.

Estaba atardeciendo y san Dominico viajaba en compañía de un monje cisterciense cuando se acercaron a una iglesia. El santo quiso pasar la noche en oración delante del altar, como tenía por costumbre, pero para su decepción se encontró con la iglesia cerrada a cal y canto. Ambos decidieron pasar la noche orando en los escalones de la iglesia cuando, de repente, "sin ser capaces de decir cómo", se encontraron frente al altar dentro de la iglesia, y allí permanecieron hasta romper el día.[4]

Tal es el poder del deseo. Atrae el favor del Padre. También nótese que tenían la habilidad de no necesitar dormir, un fruto muy común de la unión mística. Hay Vida en la Unión.

Hace poco tuve el placer de escuchar a Paul Keith Davies contar historias sobre el profeta Bob Jones, uno de mis héroes personales. Ojalá le hubiese conocido en la Tierra.

Paul Keith nos contó lo que pasó cuando estuvieron en las cataratas de Moravia, en los EEUU. Estaban orando para que se le vendiera un terreno a la iglesia. Por la mañana temprano, un ángel despertó a Bob. Le dijo que se vistiera y le siguiera. El ángel transportó a Bob a lo alto de la colina para confrontar a un ser diabólico que estaba bloqueando la venta. Bob trató con el ente. Fue algo fuera de lo común.

Paul Keith se sorprendió al despertar y ver que Bob bajaba caminando por la ladera de la montaña en solitario. Lo sorprendente era que Bob estaba en la lista de espera para ser operado de la rodilla, y allí estaba, bajando por una colina. Bob le contó lo que había pasado.

El Padre Lamy, otro anciano que como Bob fue transportado para guardar sus gastadas rodillas, era un cura católico que obró muchos prodigios. Vivió rodeado de ángeles, los cuales con frecuencia le ayudaban:

He sido sostenido por los ángeles divinos muchas veces, cuando he estado exhausto de cansancio ellos me han llevado de aquí para allá sin que yo lo supiera. Solía decir: "Señor, qué cansado estoy", y estando en una parroquia lejana, normalmente de noche, de repente, me encontraba en San Luciano. ¿Cómo pasaba? Eso no lo sé.[5]

Me encanta. Al Cielo le importa cómo estamos.

Ian Clayton está a la vanguardia en cuanto a esta tecnología espiritual. Ian lleva tiempo experimentando transportaciones de forma regular, lo mismo aparece en una celda de una prisión de China para sanar a un creyente, como es transportado a China para enseñar sobre el Reino, o en el Oriente Medio salvando a una familia de un bombardeo. Lo extraño es que, a veces, ha recibido heridas y tiene cicatrices que lo demuestran.[6]

De la misma manera en la que aprendimos a "alentar el don dentro de nosotros" como con la profecía y con el hablar en lenguas, también podemos aprender a "alentar" la teleportación, bilocación, el cambio de dimensiones y la obra de prodigios. Es la progresión natural de crecer en madurez como Ser-Espiritual.

Como en la tecnología natural, lo que en otro tiempo parecía magia es ahora común y normal. La tecnología está en aumento. ¡Preparémonos para el surgir del aumento de la tecnología espiritual!

¡Creamos en las transportaciones milagrosas!

Hace poco tuve que renovar mi pasaporte. Me hice fotos nuevas y no me podía creer cuánto había cambiado en diez años. Qué raro.

Conforme te haces mayor, te vas dando cuenta de que tu cuerpo no es realmente quien tú eres. El cuerpo es un regalo maravilloso y sirve un propósito increíble aquí en la tierra. Gracias a él podemos funcionar dentro del mundo visible, pero no alcanza, sin embargo, a definir las partes más profundas de nuestro ser.

En este capítulo quiero hablar sobre algo relacionado con el cuerpo, pero es un poco raro, tanto que consideré no incluirlo en el libro. Sin embargo, ante el Señor sentí que era correcto y espero haber hecho una buena elección. A lo mejor ayuda a algún lector a entender algunas de sus propias experiencias. A Dios le importa ese uno. A lo mejor es para ti.

El tema es la trasformación sobrenatural de la apariencia física. Los estudiosos de la Biblia lo llaman "Metamorfosis" o "Transfiguración", que significa:

Un cambio completo en la forma o apariencia física (diccionario. com).

Parece que en la vida "KAINOS", los cambios físicos son posibles. La mayoría de la gente conoce la historia de la transfiguración en el monte. Fue un momento increíble en el que Jesús les mostró a sus amigos más íntimos quién era en realidad según su Naturaleza Divina. De repente, cambió de forma.

Su apariencia cambió radicalmente delante de ellos (Mt 17:2, AMP).

La luz del sol salía de su rostro y sus ropas se hicieron tan brillantes como la luz. En ese preciso instante creo que alcanzaron a vislumbrar el futuro de nuestra especie.

Esta no es la única vez en que Jesús alteró su apariencia física. Este tema no se suele discutir en la iglesia, pero es lo bastante importante como para aparecer reflejado en las escrituras. Pensemos en los siguientes versículos de los Evangelios:

No podían reconocerle (Lc 24:16).

Ella pensó que era el jardinero (Jn 20:15).

Los discípulos no sabían que él era Jesús (Jn 21:4).

Ninguno de los discípulos se atrevió a preguntarle quién era (Jn 21:12).

Para mí el porqué Jesús cambió de forma sigue siendo un misterio. Supongo que cada vez que lo hizo manifestó un atributo diferente de su Naturaleza Divina. A lo mejor lo hizo para enseñar a sus discípulos a verle a través de los ojos del Espíritu y no de la carne. Para que le reconocieran por cardio-gnosis, que es como se hace en el Cielo.

A través de la historia, Jesús se ha aparecido a los santos de formas diversas. El famoso pionero de la vida monacal, San Martín de Tour [1], una vez compartió su única capa con un mendigo que estaba pasando mucho frio. Más tarde, san Martín vio en visión a Jesús llevando puesta esa capa en el Cielo y alegrándose con los santos y los ángeles. Jesús se le había aparecido en forma de mendigo. ¡Impresionante!

Una de mis amigas, Lorna, de Escocia, tuvo el honor de experimentar algo parecido. Se encontró a Jesús en la cafetería de un supermercado el día de su 50 cumpleaños. Jesús era un hombre normal. Fue él quien empezó la conversación, y luego comieron pescado juntos. Charlaron durante un buen rato y sus palabras cautivaban. Hasta que no terminaron de comer no se dio cuenta de que era Jesús. Necesitaba revelación para reconocerlo. ¡Qué regalo de cumpleaños más espectacular! Dios tiene un gran sentido del humor. ¿No nos gustaría ver a Jesús? Yo creo que es posible (Jn 17:24).

En otras ocasiones las escrituras nos muestran trasformaciones de Jesús incluso más sorprendentes y místicas. Aquí, Juan le vio con el pelo blanco y con ojos de fuego.

Y me volví para ver... a Uno semejante al Hijo del Hombre, vestido de una ropa que llegaba hasta los pies, y ceñido el pecho con un cinto de oro. Su cabeza y sus cabellos eran blancos como lana blanca, como nieve; sus ojos como llama de fuego (Ap 1:12-14).

Y por si eso no fuera suficientemente extraño, el amado Juan luego vio a Jesús como cordero con siete cuernos. Absolutamente insólito y aterrador.

Entonces vi, en medio de los cuatro seres vivientes y del trono y los ancianos, a un Cordero que estaba de pie y parecía haber sido sacrificado. Tenía siete cuernos y siete ojos, que son los siete espíritus de Dios enviados por toda la tierra (Ap 5:6).

Según fijamos nuestros ojos en Él, nos vamos conformando a su imagen. ¿Sería posible fijar nuestra atención tan fijamente en Él, que acabáramos tomando brevemente su apariencia? Difícil de imaginar, pero totalmente posible según la Palabra:

Ahora todos nosotros, con el rostro descubierto, reflejamos la gloria del señor como si fuéramos espejos; de esta forma somos trasformados, metamorfoseados, a su semejanza de gloria en gloria, por la acción del Espíritu del Señor (2 Co 3:18, VOI).

Quizás esto es lo que le pasó a Moisés cuando vio al Señor cara a cara. En alguna traducción antigua (por ejemplo, en la Vulgata) se puede leer que su rostro no sólo relucía, sino que también tenía algo semejante a cuernos.

Y cuando Moisés descendió del monte Sinaí, llevaba las dos tablas del testimonio, y no sabía que tenía cuernos debido a su conversación con el Señor (Ex 34:29, DRB).

Esta traducción viene de la palabra "qaran" que significa "resplandecer o tener cuernos". Algunas de las representaciones artísticas muestran a Moisés exhibiendo estos cuernos tan inusuales.

No intento ser dogmático con nada de esto. Es simplemente interesante y ayuda a plantearnos lo que es posible. La Biblia es mucho más extraña de lo que pensamos. Bill Johnson dice que se ríe cuando los pastores dicen: "sólo quiero lo que está en la Biblia". A lo que él responde, "¿estás seguro?", lo que está en la Biblia es bastante raro.

Si miramos las vidas de los santos encontramos cientos de historias de metamorfosis, que muchas veces relatan rostros resplandeciendo o con apariencia angelical. En la siguiente historia, el santo católico Bernardino Realino se trasfiguró estando en éxtasis:

Un resplandor extraordinario transformó su rostro. Algunos declararon haber visto centelleos salir de todo su cuerpo como chispas de fuego, mientras que otros relataron que el destello que su rostro emanaba les deslumbró y no podían distinguir bien sus rasgos, y tuvieron que mirar hacia otro lado para no forzar sus ojos.[2]

Alguna que otra vez podemos encontrar una historia que rompe nuestros esquemas. La de san Patricio en Irlanda es una de esas historias y también una de mis favoritas. ¡Es tan motivadora!

Se dice que San Patricio y sus hombres iban de camino a la corte del rey, cuando unos druidas (sacerdotes celtas) les habían preparado una emboscada. Mientras caminaban, el santo y sus seguidores recitaban una canción sagrada, el "Lorica" o Llanto del Ciervo. Este canto se conoce como la Oración Armadura de san Patricio, y se cree, aunque sin total certeza, que el propio santo la compuso. Según la leyenda, los druidas no vieron ni al santo ni a sus seguidores, tan solo vieron pasar a una gama seguida por veinte cervatillos.[3]

Yo he visto a una persona cambiar de apariencia física. No de una forma tan extraordinaria como la de san Patricio, pero vi a un joven profeta transformarse delante de mis ojos. Vi como su cara cambió. Parecía la cara física de Jesús. Le creció el pelo, la forma de la nariz y de los ojos le cambió, la salió barba. ¡Me quedé atónito!

Antes de que pudiera realmente comprender lo que estaba pasando, recuperó su cara original. La cara de Jesús desapareció en un instante. Estaba tan atónito que no se lo conté a nadie, ni siquiera a él. Me llenó de asombro.

¡Un auténtico prodigio!

Desde entonces me he encontrado con fenómenos similares unas cuantas veces. Incluso una vez me ocurrió a mí. Mientras ministraba en Gales, mi cara se transformó para el asombro de algunos de los que estaban allí. Dijeron que tenía la cara de otra persona. Mi madre también lo vio y dijo que no era mi cara. No supo describir muy bien lo que pasó, pero sí supo que era de parte del Señor. Yo no fui consciente de esta transformación, sólo sé que estaba totalmente absorto en Dios.

A lo mejor esto es justo lo que le pasó a Esteban en el libro de los Hechos:

Todos los que estaban sentados en el Sanedrín fijaron la mirada en Esteban y vieron que su rostro se parecía al de un ángel (Hch 6:15).

De alguna forma la cara de Esteban había cambiado. Algunas traducciones dicen que ellos "le miraron intensamente", cautivados por su apariencia. Es un versículo excepcional.

Como todas las cosas buenas, tiene una réplica falsa de satanás. A él le gusta robar, tergiversar y abusar del mundo espiritual para sacar su propio beneficio. Mi buen amigo y ministro Grant Mahoney fue testigo presencial de cómo un brujo cambió de apariencia física. Esta historia está grabada en uno de nuestros Podcasts titulado "Sonship" ("Siendo Hijos") que está disponible gratuitamente online:

Estábamos en viaje de misiones cuando oímos una risa fuera de la tienda de campaña. Abrí la cremallera y vi una hiena. ¡Casi mojo los pantalones! Éramos cuatro o cinco en la tienda y todos la vimos. Nos pusimos a orar reprendiendo hasta que la vimos transformarse en un brujo que se alejó corriendo. ¡Estas cosas son reales! [4]

Puede que sean capaces de hacer señales espirituales como los encantadores egipcios (ver Éxodo 7:8-11), sin embargo, se acerca el tiempo en que las habilidades de los hijos excederán en todos los aspectos. Todos tendrán que admitir que:

Este es el dedo [sobrenatural] de Dios (Ex 8:19, AMP).

Grant Mahoney, como pionero que es, ya está caminando en estas cosas.

Antes de que pasemos a la siguiente historia, quiero que quede claro que Grant es un hombre de integridad que camina en intimidad con el Padre. Todo lo hace por Jesús. Es alguien en quien confío. Creo su relato:

Vamos a hacer cosas que romperán los paradigmas de la gente... A mí ya me ha pasado seis veces. En una ocasión había unas mujeres

en peligro de que las violaran. Yo estaba allí (en el Espíritu) y me transformé en oso, y me ocupé de los violadores. En otras dos ocasiones donde mi vida corría peligro también me pasó lo mismo; me transformé en oso y, de nuevo, hice que la amenaza desapareciera. ¿Tengo un marco de referencia para esto? No. Solamente me pasó. No tengo explicación para ello.

¡Increíble! Eso es la justicia. Rescata. Salva. Libera. A mí, me suena a Cielo.

Grant no es el único que ha experimentado alteraciones en su forma física. En mis viajes, he conocido a otras personas que han vivido manifestaciones parecidas. Prefieren que sus historias no salgan a la luz y permanecer desconocidos. Honro esa decisión.

Sé lo difícil de digerir que puede ser esto. La misma Biblia testifica que vendrán cosas que "ojo no vio, ni oído oyó" (1 Co 2:9). Debemos adaptarnos a la Paloma conforme se desmarca de los senderos conocidos y se adentra en territorio inexplorado. Recordemos, "con Dios TODO ES POSIBLE" (Mt 19:26).

En mis experiencias proféticas se me ha dejado ver cosas que serán diferentes en el futuro. He visto que algunos misioneros serán teleportados a naciones musulmanas en un instante, apareciendo ante las multitudes con la apariencia de esas etnias y hablando su mismo idioma. De nuevo habrá pruebas convincentes de la resurrección que trae a muchos hijos a la gloria.

En una visión-trance, el Señor me mostró un Ser de Luz majestuoso que, con forma de persona, destelleaba energía de colores. Parecían centelleos de ámbar llenos de vida y envueltos en música. Cintas de luz y de color. Supe, en cuanto lo vi, que no había nada igual. Era único. Me quedé sobrecogido de asombro mirándolo. Deslumbrado.

El Señor me preguntó, "¿Sabes lo que es?" No, no lo sabía. "Es la belleza del espíritu humano", contestó Él. Hizo una pausa para permitirme digerirlo. Entonces añadió esta frase: "el espíritu humano tiene una capacidad ilimitada de crecer."

Las implicaciones penetraron a mi corazón. Vi por revelación que seguiremos creciendo y creciendo, más allá de los ángeles y de las cosas creadas. Somos la joya de la corona del cosmos. Su Novia. No hay nada igual.

Le pedí al Señor que me diera una palabra para apoyar esta revelación. A pesar del impacto, siempre me gusta verlo en la Palabra. Y a Papá le gusta darme versículos. Me dijo: "¡eso está hecho! 1 Jn 3:2", que parafraseado dice:

Ahora somos hijos de Dios... pero lo que seremos, ¡eso no lo sabemos!

¡Guau! Ahora somos hijos, pero lo que seremos, eso no lo sabemos todavía. Pensemos en esto. Ninguno de nosotros sabe verdaderamente lo que nos espera. Nuestro futuro es glorioso. ¡Me encanta!

Vamos a leerlo de nuevo, esta vez la versión del Mensaje:

Pero amigos, eso es exactamente lo que somos: hijos de Dios. Y eso es sólo el principio. ¡Quién sabe lo que llegaremos a ser! Lo que sabemos es que cuando Cristo sea totalmente revelado nosotros le veremos, y al verle a Él nos transformaremos a su imagen. Todos los que esperamos su venida estamos preparados, teniendo la pureza reluciente de la vida de Jesús como modelo para nuestra vida.

Todo lo que sabemos es que nuestro cuerpo actual no es más que una semilla. El árbol será mucho mayor.

Y hay cuerpos celestiales, y cuerpos terrenales; pero uno es el resplandor de los celestiales y otro diferente el de los terrenales. Una es la gloria del sol, otra la gloria de la luna, y otra la gloria de las estrellas, pues una estrella se diferencia de otra en la gloria...

El primer hombre, sacado de la tierra, hecho de polvo terrenal; el segundo Hombre es el Señor del cielo. Como es el hombre terrenal así lo son también los de la tierra; y como es el Hombre celestial, así también son los que son del cielo. Y así como hemos llevado la imagen de aquel hombre terrenal, llevaremos también la imagen del celestial (1 Co 15:40-49).

¡Es demasiado! ¡Con razón nos embriagamos de gozo! El Evangelio se hace cada vez más y más grande conforme bebemos de él.

Y totalmente identificados con la nueva creación, somos renovados en el conocimiento a la IMAGEN EXACTA de nuestro Creador (Col 3:10, MIR).

Nuestros cuerpos no pueden seguir definiendo quiénes somos.

CAMBIOS DIMENSIONALES

"Dios quiere que entendamos y que creamos que somos más reales en el cielo que en la tierra." (Julian de Norwich)[1]

Los nuevos pioneros espirituales romperán cada limitación humana imaginable, gracias al propósito de Dios. Como ocurrió con la revolución industrial, la actual revolución tecnológica espiritual llenará la Tierra, llevándola a un estado glorioso de paz y desarrollo.

Una de las limitaciones que se van a romper es la de que nuestros cuerpos físicos estén sujetos al plano dimensional de las cosas visibles. Hasta el momento lo normal ha sido que, mientras nuestros espíritus ascendían a los Cielos o se movían por la Tierra, nuestros cuerpos se quedaban quietos. Esto no seguirá siendo así.

Desde el principio fuimos creados seres multidimensionales. Como en la "Escalera de Jacob", nosotros mismos somos Puertas y Portones a los diferentes planos dimensionales de existencia:

¡Puertas poderosas, alzad vuestras cabezas; alzaos portones eternos! (Sal 24:7, CEB).

Enoc es un modelo clave para el presente. Fue el séptimo desde Adán. El siete es el número que representa el fin, el cumplimiento, el reposo, lo Divino. Enoc albergó su cuerpo en el Espíritu. Estuvo en el Cielo durante largos periodos de tiempo. Acabó desapareciendo del mundo visible. Atravesó muchas dimensiones por la fe.

POR LA FE Enoc fue trasladado... sacado de este mundo... arrebatado... llevado... (He 11:5).

Finalmente, Enoc se saltó la muerte y ahora vive como uno de los "Siempre Vivos". Ancestral y, sin embargo, lleno de frescura y juventud.

Transformado en cuerpo, alma y espíritu. Transcendente.

Su ejemplo nos muestra lo que significa ser "Más que Humano", inmortal, siempre joven, multidimensional y lleno del Espíritu. Enoc demuestra que es posible trascender la muerte.

Hasta ahora la Iglesia se ha mantenido confinada a esta dimensión inferior. Cautiva de lo visible. Nuestros cuerpos han permanecido limitados. ¡Esto va a cambiar!

Exploremos este tema, pero ¿hasta dónde estamos dispuestos a llegar?

Volviendo a fijarnos en el Prototipo perfecto, Jesucristo, vemos cosas muy interesantes. Jesús cambió de dimensiones tanto en el espíritu como en el cuerpo. Él era capaz de llevar su cuerpo desde el mundo visible hasta el mundo invisible cuando era necesario.

En la siguiente historia del Evangelio de Juan podemos leer como una multitud furiosa quería matar a Jesús. La gente estaba tan airada que cogieron piedras para acabar con Jesús allí dentro del templo. No había dónde esconderse, ni a dónde huir. ¡Jesús estaba atrapado! ¿Cómo salió de esa?

Tomaron piedras para arrojárselas, pero Jesús SE ESCONDIÓ (Jn 8:59).

Cogieron piedras para arrojárselas, pero Jesús DESAPARECIÓ (PHI).

Se esfumó para escapar de la muchedumbre. Cambió de dimensiones. Al igual que los ángeles estaba en la tierra, pero no en el mismo mundo. Me apuesto que todo ocurrió tan rápido que la gente no pudo ni procesarlo en sus mentes. ¡Se quedaron atónitos!

No sólo desapareció, sino que en ese estado tan inusual en el que se encontraba, pudo atravesar los cuerpos sólidos de objetos y, lo que es más extraño todavía, cuerpos de personas.

Y salió atravesando por en medio de ellos, y así pasó (YLT).

Esta es la fuerza imparable que fluye del vivir de los "Libros del Cielo" (véase Salmos 139:36). No era su hora de morir. Nada podía impedir que llegara a la cruz. Vivió en convergencia con el Cielo, una verdad más alta que la luz visible.

Esta no fue la única vez que Jesús hizo esto. Realmente, Jesús enloqueció a los más religiosos con sus enseñanzas. Lo que enseñaba, aparte de no ser lo que ellos querían oír, también les sacaba de su comodidad. Les enfureció. En una ocasión la agarraron y le sacaron de la ciudad. Esto es lo que pasó después:

Al oír esto, todos los que estaban en la sinagoga se enfurecieron. Se levantaron, lo expulsaron del pueblo y lo llevaron hasta la cumbre de la colina sobre la que estaba construido el pueblo, para tirarlo por el precipicio (Lc 4:28-29).

Es imposible caminar pausadamente entre una multitud de religiosos sedientos de sangre. Estaban muy alterados y dispuestos a matar. Sin duda un momento muy tenso. ¿Pensaron sus discípulos que a Jesús se le había acabado el tiempo? ¿Era este el final?

Imaginemos la sorpresa cuando Jesús, de nuevo, cambia de dimensión. ¿Se volvió totalmente invisible o sólo parcialmente? ¿Parecía un fantasma? Todo lo que sabemos es que caminó por EN MEDIO de ellos.

Pero él pasó por medio de ellos, y se marchó por su camino (Lc 4:30).

Suena tan bien… pasar a través de ellos, seguro que Jesús les dio el susto de sus vidas.

(¿Por qué esto nunca sale en las películas que Hollywood hace sobre Jesús?)

En otra ocasión, Jesús no sólo cambió de dimensión, sino que se volvió etéreo como un fantasma y su cuerpo dejó de estar sujeto a la ley de la gravedad, pues ésta se convirtió en una realidad inferior.

Cuando los discípulos vieron a Jesús caminar por el agua pensaron que era un fantasma y empezaron a gritar. Todos le vieron y quedaron aterrorizados. Pero entonces Jesús dijo: "No os preocupéis. Soy yo, Jesús. No tengáis miedo" (Mr 6:49, CEV).

Parecía un fantasma, era transparente, como si no estuviera realmente aquí, multidimensional.

Según bebamos más y más de la unión que tenemos con la Esencia Divina, tendrán lugar cosas más increíbles y bonitas en el cuerpo. Cambiará la frecuencia de nuestros cuerpos y nos daremos cuenta de que realmente "no somos de aquí", y que "no pertenecemos a este mundo".

Yo lo llamo a esto estar "escondidos aquí y revelados allí".

Como dijo la mística inglesa Juliana de Norwich, "Estamos más en el Cielo que en la Tierra". [1]

Las desapariciones se hacen llevando el cuerpo a otra dimensión, al mundo en el que se mueven los ángeles, donde está la "Nube de Testigos". Nos rodea. Lo envuelve todo.

Nos puede sorprender, pero algunos de los santos SABÍAN cómo HACER este CAMBIO a voluntad. Conocían la tecnología espiritual para hacerlo. Uno de estos santos fue Francis de Paola. A lo largo de su vida se le reconocieron numerosos milagros. En la siguiente historia, Francis, que acababa de verse con el gobernador, se vio rodeado por una multitud de seguidores entusiastas. La multitud le tenía atrapado.

Estaba a punto de salir cuando la gente se empezó a arremolinar alrededor de la casa del gobernador para verle y acercársele. Tenían tanta admiración por el santo que le arrancaban trozos de su ropa con el sorprendente consentimiento de san Francis.

Dios reemplazaba los jirones arrancados con la misma velocidad a la que éstos se desprendían. Los que observaban no salían de su asombro al comprobar que, aunque muchos pedazos de su túnica y capucha andaban por las manos de la muchedumbre, las ropas del santo seguían intactas.

Al resultar prácticamente imposible atravesar la plaza por la multitud de gente agolpada para verle, y también debido a la vergüenza que sentía ante tanta adulación, el santo desapareció repentinamente ante la mirada de asombro de los presentes. Estaba allí y de repente ya no estaba. Sus acompañantes le encontraron fuera de la muralla donde él les estaba esperando para empezar su viaje. [2]

Me encanta la humildad de los santos, no andaban buscando fama, sino viviendo para la gloria de Dios.

Otro conocido y querido santo católico es san Gerardo Mayela, que vivió una vida "KAINOS" y manifestó gran poder. El libro de Joan C. Cruz *Misterios, Maravillas y Milagros de los Santos*, cuya lectura recomiendo, recoge una de esas historias:

Un día, estando en Caposele, el santo recibió permiso para hacer

un retiro de oración y recogimiento en su aposento. **Al poco tiempo el Padre Rector mandó a alguien a buscarle porque necesitaba su ayuda. Por más que le buscaron nadie lo encontró. El doctor Santorelli, médico del monasterio, llegó a exclamar "¡Hemos perdido al Hermano Gerardo!"**

El doctor Santorelli llevó a uno de los hermanos consigo para volver a buscar al santo en su cuarto, que no llegaba a los diez metros cuadrados. La habitación tenía una cama austera y una mesita, no había ningún otro mueble en el que alguien se pudiera esconder. El santo no estaba allí.

Al final uno de los religiosos pensó que el santo podría aparecer durante el tiempo de la santa comunión, así que esperaron.[3]

¡Ha! Me encanta. ¡El cebo de los santos es la Comunión! ¡Los saca de sus escondites sin excepción!

La historia continua así:

Tal cual se había predicho, el santo apareció en ese momento particular. Cuando le preguntaron dónde había estado el santo dijo: "En mi habitación." Entonces los religiosos le contaron cómo le habían buscado por todas partes sin éxito, pero él no dijo nada. En ese momento le exigieron por voto de obediencia que contara lo sucedido, a lo cual el santo explicó que "por temor a ser distraído de mi recogimiento le pedí a Jesucristo la gracia para ser invisible".

El doctor Santorelli sentía mucha curiosidad y continuó presionando a san Gerardo para que diera más información.

Cogiendo al médico del brazo, el santo le llevó a su cuarto y señaló al pequeño taburete en el que había estado sentado durante todo el tiempo en el que le anduvieron buscando. Entonces el santo en un susurro le dijo al doctor, "...a veces me hago muy pequeño".

Este milagro se hizo muy conocido a nivel local, tanto que los niños llegaron a decir "vamos a jugar a Hermano Gerardo" cuando querían jugar al escondite. ¿Y si esto pasara hoy? Vamos a volver a asombrarnos.

De hecho, en algunos lugares estos prodigios ya han empezado a suceder. ¿Quién no ha oído sobre el hermano Yun de China? En su libro, *El Hombre del Cielo*, Yun comparte una historia fascinante de cómo escapó de la cárcel.

De algún modo el Señor cegó al guarda. Su mirada estaba clavada en mí y, sin embargo, sus ojos no reconocían mi presencia. Esperaba que me dijera algo, pero él no me veía, como si yo fuera invisible. No dijo ni una palabra. Pasé por su lado y no miré atrás. Sabía que en cualquier momento me podía disparar por la espalda… seguí mi camino y bajé las escaleras, pero nadie me detuvo ni ninguno de los guardas me habló". [4]

Sorprendentemente, a plena luz del día pasó por delante de varios guardas y salió por la entrada principal. Nadie había escapado de esa cárcel de alta seguridad nunca antes. ¡Fue un milagro!

Este fenómeno no se reduce a la iglesia perseguida de China, también está aumentando en el mundo occidental. Michael Van Vlymen, en su libro *Supernatural transportación (Transportaciones Sobrenaturales)*, relata un episodio increíble en el que atravesó una multitud de personas. Así lo escribe:

Estaba buscando al Señor una tarde cuando de repente me encontré en el exterior, en un recinto abierto para conciertos que hay cerca de mi casa. Había mucha gente joven asistiendo al concierto y estaban en muchos casos bebidos o drogados o ambas cosas. El flujo de gente caminaba en dirección a mí, y supuse que yo tendría que caminar en dirección contraria, lo cual hice. Al principio intenté abrirme paso entre la marea de gente, pero me di cuenta de que estaba atravesando a las personas. Una vez que me di cuenta de esto ya no intenté abrirme paso entre la gente, simplemente caminé a través de ellas. Algunas personas parecían percatarse de esto y mostraban su desagrado de forma visible, pero supongo que lo achacaban al alcohol o a las drogas. [5]

¿Por qué iba Dios a provocar una cosa tan rara? Michael cree que fue para que la gente dejara atrás sus adicciones. Fue un acto poderoso de manifestación de la gracia de Dios para sacudir a los corazones adormilados de esos jóvenes. Yo así lo creo también.

Creo que este tipo de señales y prodigios van a aumentar. Estamos entrando en los días de sorpresa y asombro. El gozo y el temor de Dios vuelven sobre nosotros como profetizó Oseas:

Reverenciarán al Señor y a Su bondad en los últimos días (Os 3:5, NKJV).

De hecho, ya está sucediendo. Nancy Coen, pionera de estas cosas, fue enviada por el Espíritu a un club nocturno satánico. Era uno de los lugares más oscuros que se pueda imaginar, lleno de gente demoniaca. Todos se giraron para mirar a Nancy. Allí de pie en medio de la multitud, empezó a llorar ya a gemir en profunda intercesión por esa gente. Nancy sintió el anhelo de la creación reverberando por todo su ser (ver Romanos 8.22). Todo lo que hizo Nancy fue llorar. Salió del club pensando que había fracasado.

Dos años después Nancy se encontró con la que había sido la gran sacerdotisa del club nocturno, la cual le contó lo que realmente había pasado. Cuando Nancy lloró aquella noche, su cuerpo fue desapareciendo hasta hacerse aire y reapareció como una brillante luz cegadora delante de los satanistas. Esa luz sobrenatural dejó totalmente ciega a la sacerdotisa.

Sus amigos muy preocupados quisieron llevarla a urgencias. Sin embargo, ella sabía que era Jesús. La llevaron a casa y allí Dios la sanó y la liberó. Dos años después, esta mujer transformada llevó a la mayoría de los satanistas de aquel club a Jesús. Hoy en día ministra a nivel profético con gran poder. ¡Increíble!

Esta era no va a ser tan simple como lo ha sido hasta ahora

El Primer Adán recibió vida,

El Postrer Adán es espíritu que da Vida

(1 Co 15:45, MSG).

Las implicaciones del evangelio son enormes.

La muerte será absorbida por la Vida.

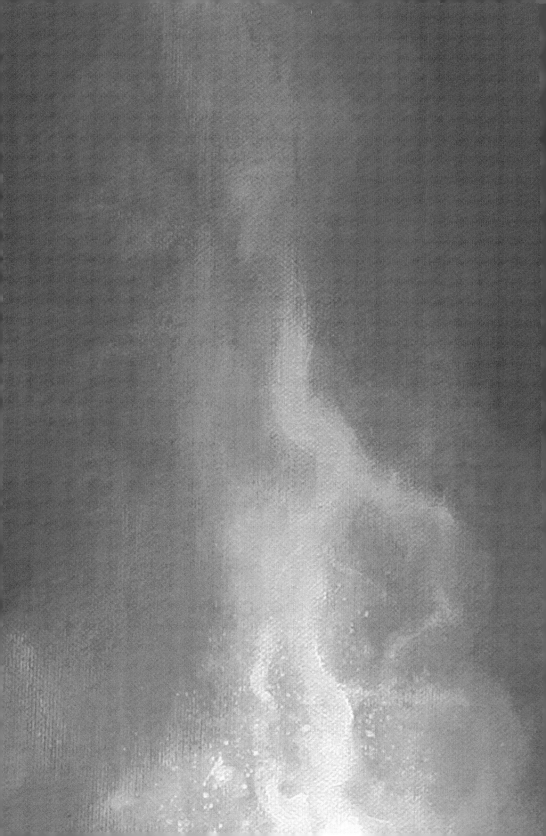

INEDIA: AYUNO PROLONGADO

Sus discípulos insistieron diciendo, "Rabí, come". Pero Él dijo, "Yo tengo una comida que comer, que vosotros no conocéis". Entonces los discípulos se decían unos a otros: "¿Le habrá traído alguien de comer?" (Jn 4:31-33).

¿Alguien ha empezado a ver un atisbo de la maravilla del Evangelio? Es fascinante. Nunca dejaremos de disfrutarlo. Nunca dejaremos de explorarlo. ¡Los ángeles se maravillan de él!

Cuanto más practico la oración mística e interactúo con el mundo de los cielos, más tengo que replantearme lo que doy por sentado en cuanto al cuerpo, la mente, el espíritu, la distancia, las dimensiones, el intelecto y demás.

En la Co-Vida algo increíblemente indescriptible nos ha pasado a cada uno de nosotros. No estamos más que empezando a ver las implicaciones del Evangelio. Hemos sido totalmente redefinidos en Cristo. Aquí hay algo para masticar:

Los términos co-crucificado y co-vivo son los que me definen ahora. Cristo en mí y yo en Él (Ga 2:20, MIR).

Las definiciones humanas ya no nos sirven. Lo que éramos antes llegó a su fin; fue co-crucificado y murió. ¡La nueva Co-Vida ha llegado! A la luz del Evangelio dejemos que Dios revele el pensamiento antiguo y renueve nuestras mentes. Nuestra forma de pensar cambia el mundo que vemos. Hay más posibilidades por explorar.

Vamos a por otro cambio desafiante. ¿Qué tal si reconsideramos la dependencia a las fuentes terrenales de sustento, es decir, la comida y el agua?

Recordemos lo que significa vivir "Más allá de lo Humano". Empecemos con Jesús y la mujer del pozo. En el capítulo sobre ciencia infusa ya lo mencionamos. Esta vez el enfoque está en otra perspectiva de la historia. Como sabemos, en este relato Jesús pasó tiempo restaurando a la mujer quebrantada. Ella quedó tan impresionada que corrió a contárselo a todo el pueblo.

Y en esto vinieron sus discípulos, y se maravillaron de que hablaba con una mujer; sin embargo, ninguno dijo: ¿Qué preguntas? o, ¿Qué hablas con ella?

Entonces la mujer dejó su cántaro, y fue a la ciudad, y dijo a los hombres: Venid, ved a un hombre que me ha dicho todo cuanto he hecho ¿No será éste el Cristo? Entonces salieron de la ciudad, y vinieron a él.

Entre tanto, los discípulos le rogaban, diciendo: Rabí, come. Él les dijo: Yo tengo una comida que comer, que vosotros no sabéis (Jn 4:27-32).

Jesús pasó de estar "cansado del camino" a, de repente, tener una energía Divina sobrenatural. Los discípulos conocían bien a Jesús como para ver que tenía nuevas fuerzas. Se preguntaron, ¿será que alguien le dio comida? Estaban perplejos. (Jn 4:1-42).

Sabemos que a Jesús le encantaban los banquetes y los disfrutaba como el que más (Heb 1:9). Comía y bebía y le encantaba estar alrededor de una mesa. Fue acusado de beber constantemente por los más religiosos (Lc 7:34). Sí, el comer era puro placer, pero no esencial para vivir. Jesús podía vivir sin comer:

Tengo una comida que comer que vosotros no sabéis.

Aquí hay un secreto místico. ¡Que no se nos escape!

Sentado junto al pozo, obedeciendo al Padre, Jesús recibió la Vida del Espíritu. Esto es lo que Él dijo:

Mi comida es hacer la voluntad del que me envió, y terminar su obra (Jn 4:34).

Jesús estaba lleno y satisfecho al obedecer la voluntad del Padre. ¡Reabastecido por el gozo!

Esta opción también es para nosotros. Podemos vivir más allá de la dependencia de la comida. Sé que esto puede sorprender, pero me gustaría explicarlo.

La posibilidad "KAINOS" de inedia no representa pérdida. ¡No! Tiene que ver con tener BANQUETE de otro Mundo. Beber y comer de una Realidad Oculta. Hemos accedido al Árbol de la Vida (Ap 2:7). ¡Estamos GORDOS y FELICES en la grosura del Cordero!

Cristo, el cordero de Dios, ha sido sacrificado por nosotros.

Así que celebremos la FIESTA EN ÉL (1 Co 5:7-8, TLB).

Porque Cristo, nuestra Pascua, ya fue sacrificado por nosotros.

Por tanto, continuemos el BANQUETE.

Serán completamente saciados en la grosura de tu casa (Sal 36:8, DAR).

Saborean el banquete de la abundancia (Sal 36:8, AMPC).

Me encanta el Evangelio "con manteca" de Jesús. Este es uno de los mensajes que más disfruto compartiendo. El Evangelio es un BANQUETE místico, no un ayuno. Su cuerpo es alimento real.

Y Jesús les dijo: Yo Soy el pan de la vida; el que a Mí viene, nunca tendrá hambre; y el que en Mí cree, no tendrá sed jamás... Porque mi carne es verdadera comida y mi sangre es verdadera bebida. El que come mi carne y bebe mi sangre, permanece en Mí y Yo en él (Jn 6:35-58).

Conforme esta generación (más que ninguna otra) se vaya dando cuenta del mensaje de que las obras están terminadas por Jesús y de que el Evangelio contiene la promesa de una unión mística, iremos madurando y empezando a vivir los beneficios de estar co-incluidos en Cristo.

Unidos a Él lo imposible se hace posible.

Así como Moisés se mantuvo en la oscura nube de la presencia durante semanas, nosotros también descubriremos que la presencia sustenta nuestros cuerpos, mucho más que cualquier otra cosa que el mundo visible pueda ofrecer.

Moisés se internó en la nube y subió al monte, y allí permaneció cuarenta días y cuarenta noches (Ex 24:18).

En la unión con nuestro Creador hay energía. En Él tenemos acceso a la VIDA SIN LÍMITES.

He podido experimentar porciones de esta realidad. Cargas repentinas de energía sobrenatural que me han durado días. He despertado lleno de Vida y he tenido que salir a correr para quemar energía. Me suele pasar al predicar, la energía me hace ponerme a andar de un lado al otro de la habitación y, a veces, incluso tengo que correr mientras suelto gritos de alegría y libero parte de la delicia que me consume. Muchas veces he terminado la noche con más energía de la que empecé.

Al llevar los elementos místicos de la comunión en el Espíritu descubro que me hago mucho más consciente de Dios. He sentido una llenura, un bienestar interior, que es difícil de explicar. Es como una sensación de expansión al ser llenado con la perfección. La perfección del Amor.

En ciertos momentos el apetito por la comida desaparece y pierde sentido. Muchas veces he rechazado invitaciones a cenar tras una conferencia. Estoy aprendiendo a honrar esa sensación en vez de sacudírmela de encima con programas establecidos por los hombres.

Mi esperanza es que esta Vida continúe creciendo en mí hasta que pueda vivir de esta energía Divina durante semanas como hicieron los santos. Tiene un precio. Hay que elegir vivir en Cristo. Abiertos a Su amor. Viviendo en la percepción consciente de Su presencia.

Muchos de los santos lo entendieron. Descubrieron el "Secreto Místico de Dios que es Cristo" (Col 2:2, AMP). En su brillante libro *The ecstasy of Loving God (El Éxtasis de Amar a Dios)*, John Crowder escribe sobre la inedia sobrenatural en la historia de la Iglesia:

Es clínicamente imposible pasar más de cuatro días sin beber agua y no experimentar deshidratación y muerte. Pero los místicos de la iglesia, especialmente los que experimentaban intensos éxtasis, han pasado periodos de inedia que serían imposibles de creer de no ser por que están perfectamente documentados. Alexandra Maria da Costa estuvo desde el 27 de marzo de 1942 hasta su muerte, el 13 de octubre de 1955, sin tomar más que su comunión cada día. ¡Eso es más de 13 años! La mística y estigmatizada alemana Teresa Neumann (1898-1962) es quizás uno de los ejemplos modernos más sorprendentes. Ella pasó 40 años sin comida y más de 35 sin agua, salvo la santa cena. Ni ella ni Alexandra experimentaron efectos negativos en su salud como consecuencia de este ayuno, sus cuerpos tampoco eliminaban residuos. [1]

He leído muchas historias de los Padres del Desierto y de los Santos Celtas que vivieron solos en pequeñas islas o lugares inhóspitos, subsistiendo con dietas de mínimos posibles, a veces comiendo una minúscula comida al día, sin sufrir daño alguno en su salud.

En la siguiente historia San Brendan y sus amigos fueron guiados por el Señor en un viaje por la isla. Allí encontraron a un anciano de muchos años que era sustentado por Dios.

Cuando Brendan llegó a la cumbre de la isla vio dos cuevas con una cascada delante de ellas. Allí, frente a la cascada, vio a un anciano que se acercaba a él. "Es bueno que los hermanos se junten", dijo mientras invitó a que Brendan llamara a los otros hombres de la barca.

Cuando llegaron, el anciano los saludó uno a uno con un beso y llamándolos por su nombre. Brendan quedó tan sorprendido por el rostro lleno de gloria de este hombre y por haber sabido sus nombres, que lloró diciendo "No soy digno de llevar el hábito de este monje".

Brendan le preguntó a Paul (el ermitaño) cómo llegó a esa isla y de dónde era. Paul respondió "Crecí en el monasterio de Patricio durante cincuenta años. Estaba a cargo del cementerio de los hermanos. Mi Abad un día señaló al mar y dijo 'Mañana ve allí y encontrarás una barca que te llevará a un lugar donde residirás hasta el fin de tus días".

"Hice como me había dicho, y por tres días remé, luego solté los remos y dejé la barca a la deriva durante siete días para que el Señor la guiara. Así llegué a esta isla y aquí es donde he estado en oración e intercesión desde entonces". Paul continuó diciendo: "El primer día una nutria vino y me trajo un pez para comer. Al tercer día volvió a aparecer con otro pez. El arroyo y la cascada me han dado agua y aquí he estado durante 90 años, más los cincuenta con Patricio. Ahora tengo 140 años y sigo esperando el día en que tenga que rendir cuentas". [2]

¿No es increíble? Cada vez que leo estas historias me siento inspirado. Estas personas vivieron cien por cien para Dios, totalmente inmersos en Él. Viviendo en unión con el Cielo y la Tierra.

En los años 80, el hermano Yun (también conocido cariñosamente como "El Hombre de los Cielos") fue encerrado en prisión tras recibir una brutal paliza que casi acaba con su vida. Aun estando escuálido hizo ayuno de comida y agua durante 72 días. Toda la prisión y los servicios de seguridad eran conocedores de este milagro tan increíble. [3]

Cuando por fin permitieron que su mujer y su madre le visitaran, Yun dijo que tenía hambre. Ellas pensaron que quería comida. Pero él dijo que tenía hambre y sed de almas. Ésta es la sed que Jesús sintió en la cruz. El anhelo de reconciliación con la humanidad.

El diseño original es Cristo. Tras haber resucitado, ¿realmente necesitaba que la comida de la Tierra le sustentara? Sabemos que Jesús puede comer y lo disfruta. Las escrituras nos relatan que comió con los discípulos después de haber resucitado:

Como ellos no acababan de creerlo a causa de la alegría y del asombro, les preguntó: ¿Tenéis algo de comer? Le dieron un pedazo de pescado asado, así que lo tomó y se lo comió delante de ellos (Lc 24:41-43).

La comida es buena. Tenemos libertad para comer y disfrutar, pero no nos debemos dejar limitar por la comida.

Hay algo superior que está siendo revelado. Según sea la voluntad de Dios, y cuando Él lo permita, aparecerá una generación que trascenderá las limitaciones humanas, incluso la necesidad de comer y de dormir. Manifestaremos una Vida Divina, más elevada y escondida, que sustenta la vida en el estrato inferior de lo visible.

Preparas mesa delante de mí en presencia de mis enemigos (Sal 23:5).

Al que salga vencedor le daré a comer del árbol de la vida, que está en medio del Paraíso de Dios (Ap 2:7).

Le daré de la fuente del agua de la vida libremente a todo aquel que tenga sed (Ap 21:6).

Este es el modo "KAINOS" de vivir y de pensar, creyendo que incluso ahora podemos "saborear los poderes del siglo venidero" (Heb 6:5). Podemos manifestar el futuro aquí y ahora.

Es posible que no tengamos el paquete completo, pero ¿no queremos saber hasta dónde tenemos y hasta dónde podemos llegar? Yo sé que quiero ver cambios en mí.

Profetizo lo siguiente sobre todo el que lea este libro con corazón como de niño:

Me lleva junto a aguas tranquilas

Restaura mi alma (Sal 23:1-3).

La generación que se enamoró del Pastor encontrará la Fuente de Vida. Al final, habrá una comunidad de personas que vivirán para siempre.

Así como Me envió el Padre viviente, y Yo vivo por el Padre, también el que come de Mí vivirá por Mí. Este es el pan que bajó del cielo; no como vuestros padres que comieron el maná, y murieron; el que come de este pan, vivirá eternamente (Jn 6:57-58).

La inedia no se consigue con fórmulas de hombres, con el ayuno natural o con nuestra fuerza de voluntad. ¡No! Por favor, no es cuestión de hacer nada de eso. Jesús dijo:

Yo por Mí mismo no puedo hacer nada (Jn 5:30).

Al vivir en unión mística los santos encontraron el flujo de Vida que sustenta:

Pues en Ti está la fuente de vida (Sal 36:9).

Y también:

Mas el que bebiere del agua que yo le daré, no tendrá sed jamás, sino que el agua que yo le daré será en él una fuente de agua que salte para vida eterna (Jn 4:14).

Santa Catalina de Siena [4] vivió tan repleta de Dios que le resultaba casi imposible comer. De hecho, comer le producía arcadas. Perdió el apetito por completo y vivió tomando únicamente la comunión una vez al día.

Creo con todas mis fuerzas que está emergiendo una comunidad preparada para hacer carne este mensaje. No por baldíos esfuerzos humanos sino porque son atraídos a la vida "KAINOS", la vida más allá del velo. Podremos seguir comiendo, pero no nos sustentaremos de la misma manera de antes. Romperemos el molde.

Incluso, algunos estaremos tan repletos de vida que alcanzaremos a vivir más allá del alcance de la muerte.

Pero ahora, (ese propósito extraordinario y esa gracia) han sido manifestadas por la aparición de nuestro Salvador Jesucristo, el cual (a través de Su encarnación y ministerio terrenal) abolió la muerte (haciéndola nula y vacía) y sacó a luz la vida y la inmortalidad para alumbrar el evangelio (2 Tim 1:10, AMP).

Como Enoc, descubrirán el poder de una vida sin fin. [5]

Fue la fe lo que preservó a Enoc de la muerte (Heb 11:5, GNT).

En la era "KAINOS", ¡la muerte ha perdido su aguijón!

Preparémonos a ver vidas significativamente alargadas, regeneración de la juventud e inmortalidad. Es muy probable que nos cueste imaginarlo, pero se acerca y está más próximo de lo que podemos pensar.

De hecho, ya ha empezado.

Una persona normal duerme un promedio de ocho horas al día. Con una vida de 75 años habremos dormido 25 años. ¿Será posible? ¡25 años de ojos cerrados!

No sé los demás, pero yo quiero que mi vida aquí cuente, incluida la noche. No quiero desconectar y despertar al día siguiente preguntándome qué ha pasado. ¡Eso no es lo correcto!

Quiero estar en el Espíritu mientras duermo, consciente y despierto, participando del mundo del Reino del Padre. No quiero estar inconsciente ni desconectado nunca más. Vivir así es vivir por debajo de las promesas que tenemos en las escrituras. Pensemos en esto:

Pero su delicia es la ley del Señor

Y en Su ley medita día y noche (Sal 1:2).

¿Cómo es posible meditar día y noche? Aquí hay otra pista:

Fui a dormir, pero mi corazón se quedó despierto (Cnt 5:2, AMPC).

¿Así que se puede estar despierto mientras se duerme? ¡Qué increíble! ¡Me lo pido! ¡Yo lo quiero!

Aquí es donde presentamos otra verdad jubilosa. El Evangelio no sólo cambia el día y lo llena de nuevas posibilidades, también transforma la noche llenándola de experiencias con el Cielo y viajes en el Espíritu. Noches enteras inmersas en la delicia de la unión mística y participando en aventuras por las naciones e incluso las estrellas.

He empezado a experimentar algo de esto. He tenido noches en las que intencionalmente me he enfocado en ascender hasta Dios. He observado que cuando me centro en la Unidad, en el estar y ser en Él, de alguna manera el Cielo se abre un poco más. Es la ley del deseo y el enfoque.

Deléitate en el Señor y Él te concederá los deseos de tu corazón (Sal 37:4).

Mi amigo Ian Clayton ha aprendido que es posible tanto vivir durmiendo poco como permanecer consciente mientras se está dormido, esto lo hace albergando su cuerpo en su Espíritu. Ian solía levantarse cada vez más temprano para orar. Tenía tanta hambre... Sin embargo, siempre le quedaba la sensación de no haber pasado suficiente tiempo con el Padre. Se dio cuenta de que lo que se puede hacer físicamente tiene límites.

Al final encontró una solución. Aprendió a conectarse con el Espíritu y a ascender al Monte del Señor durante la noche. Hoy en día gran parte de sus experiencias más profundas ocurren cuando está dormido. Cuando ministramos juntos, siempre le pregunto "¿Qué pasó anoche?" Y cada vez tiene algo nuevo que contar. Normalmente algo crucial para la reunión de ese día.

También pasa semanas durmiendo poquísimo, más allá de lo que es humanamente posible. Le he visto ministrar en conferencias nada más bajar del avión. Esto es una hazaña bastante considerable cuando viajas desde Nueva Zelanda y no has dormido nada. Esto es la vida "KAINOS".

¿Demasiado bueno para ser cierto? Hay que seguir leyendo.

Volviendo a Jesús, el Único que nos da esperanza de las cosas mayores que vendrán.

En aquellos días él (Jesús) fue al monte a orar, y pasó TODA LA NOCHE orando a Dios (Lc 6:12).

Parece que para Jesús el sueño era opcional. A veces se pasaba la noche orando.

Lo que es más sorprendente de todo esto es que el estilo de vida de Jesús no tenía nada de tranquilo. Iba caminando a todas partes. Cuidaba a un grupo de discípulos bastante intensos. Sanaba a los enfermos. Predicaba a multitudes. Trataba con los religiosos, y muchas más cosas aparte de éstas.

Sin embargo, parecía que Él sobrepasara las leyes naturales y tuviera acceso a una realidad perteneciente a una dimensión superior. Una realidad que transciende los patrones normales de sueño. Un estilo de vida inmerso en La Vida.

¿Cómo es esto posible? ¿Es para nosotros también?

El profeta Paul Keith Davis recibió parte de la respuesta a estas preguntas. Tuvo una visión en la que vio a Jesús orando en el monte. En vez de estar intentado mantenerse despierto, que era lo que Paul Keith esperaba ver, Jesús estaba totalmente repleto de energía por el placer de estar en la Presencia. No estaba luchando contra el sueño ni contando las horas. Estaba inmerso en Papá y la noche parecía estar fuera del tiempo. Jesús tuvo que sacarse a sí mismo de esa delicia al amanecer. Había pasado la noche en arrebatamiento. Jesús amaneció totalmente fresco y lleno de gozo.

La Presencia es la clave de este misterio. Conectarse con la Presencia de Dios es lo que abre las puertas de posibilidades ilimitadas. Cuando vivimos en Él, todo es posible.

"Estando en la Presencia del Padre el sueño deja de ser necesario."
Paul Keith Davis.

Tengo la impresión de que las noches se malgastan. No quiero continuar viviendo así.

Conozco a cada vez más personas que están redimiendo la noche. Están rompiendo las limitaciones humanas de los patrones normales. Gente como Nancy Coen, que nos desafía a cambiar nuestra interpretación de lo que significa vivir en la tierra como en el Cielo.

Este es el testimonio de Nancy Coen:

Ninguna de las veces que he viajado a cualquier parte del mundo he sufrido jet-lag. Cuando recorres millones de kilómetros decir que no has tenido jet-lag es todo un milagro. Pero aún hay más, en este viaje a Nueva Zelanda tardé 64 horas desde que salí de casa hasta llegar aquí, y en todo ese tiempo sólo he dormido una hora. Aun así, bajé del avión tan animada por ver a todo el mundo y tan llena de energía, que no me repercutió en absoluto el no haber dormido nada.

He estado en cuevas en China en las que he predicado durante cinco días enteros sin sentarme, ni descansar, sin parar ni para una siesta ni para comer o beber agua, incluso sin ir al baño.

¿Cómo es esto posible? *Humanamente* no es posible.

Se ha hecho posible porque he empezado a ver los resultados de poner a mi espíritu en control sobre mi alma y mi cuerpo.[2]

A principios de año, cuando empecé a escribir este libro, choqué contra un muro. Mientras pensaba en todas las cosas que Dios nos había mostrado en cuanto a vivir "más allá de lo humano" me di cuenta de que todo esto iba a sonar muy extraño para mucha gente. Barajé la opción de no escribir el libro.

Entonces un amigo me pasó las enseñanzas de Nancy Coen. Me maravilló escuchar que ella y yo compartíamos las mismas ideas. Tanto me ilusionó que escuché a Nancy durante diez horas seguidas. Era como miel. Me sabía a poco. Ella confirmaba lo que yo había visto. Y no sólo eso, sino que Nancy lo está viviendo hoy en día. Hace poco estuve con ella y se pasó tres días enteros sin dormir y sin mostrar ningún signo de cansancio. Increíble, sobre todo considerando que ¡casi tiene 70 años!

Los que han escuchado nuestros Podcasts saben que nos han inspirado mucho las vidas de los santos celtas. Esta compañía de creyentes sencillos, caminaron en auténtica autoridad apostólica y dieron forma al destino de Irlanda, Bretaña y más allá. Caminaron en poder, amor y profunda humildad. Como Nancy Coen también superaron la necesidad natural de dormir.

De Cuthbert se esperaban grandes cosas, y entre medias de liderar reuniones de oración y periodos intensivos de enseñanza, solía dar paseos para refrescarse. Entre toda la actividad, y aunque alababa con la comunidad, también solía buscar tiempo de oración en solitario, y con frecuencia bajaba los acantilados para estar junto al mar.

Una noche, uno de los hermanos decidió seguirle en secreto, movido por la curiosidad de saber todo lo que Cuthbert se pasaba la noche haciendo. Seguido de cerca por su espía, Cuthbert bajó hasta el mar y se adentró en el agua hasta que le llegó al cuello. Allí, en el agua, con las manos levantadas al cielo, se pasó la noche adorando

a Dios y cantando al son de las olas. Al romper el día, fue a la orilla y empezó a orar de nuevo de rodillas en la arena.[3]

He estado en el agua donde esto tuvo lugar. Y la verdad es que es increíble pensar que estuvo metido en el agua sabiendo lo frio que está el mar del Reino Unido.

Francisco de Asís fue otro de esos santos que vivió "más allá de lo humano". De jovencito y siendo tan radical como era, abandonó desnudo la casa de su adinerada familia con la intención de tocar a los más desfavorecidos. Al principio vivió como vagabundo y siendo el hazmerreír de muchos, hasta que un día un buen hombre, de nombre Bernard, tuvo pena de él y le dio acogida en su casa.

Así que le invitó a cenar y a quedarse a dormir en su casa, y san Francisco aceptó ambas ofertas. Entonces Bernard hizo que prepararan una cama en su propia habitación donde siempre se quedaba encendida una lamparilla. San Francisco, ocultando su piedad, se metió en la cama y fingió quedarse dormido. De la misma manera Bernard también se acostó y empezó a roncar como si estuviera dormido. San Francisco, creyendo que Bernard dormía, se incorporó y empezó a orar levantando sus manos y mirada al cielo y exclamando "Dios mío, Dios mío" con gran fervor y devoción. Permaneció repitiendo esto y orando sin cesar toda la noche, en todo momento repitiendo "Dios mío, Dios mío" y nada más.[4]

El ser testigo de esta humilde capacidad sobrenatural para pasar la noche en vela tuvo un enorme impacto en Bernard. A partir de ese momento su vida cambió y se convirtió en el primer monje franciscano. Llegó a ser amigo íntimo de San Francisco y juntos cuidaron de los pobres, plantaron monasterios y vivieron una intensa vida mística. Con frecuencia eran arrebatados en trances de éxtasis de amor que duraban días. ¡Pura delicia!

Otro de mis santos favoritos es Catalina de Siena, (la verdad es que tengo muchos santos favoritos, para mí son como amigos). Esta mujer vivió una vida consagrada desde muy temprana edad, viendo a Jesús en visiones del cielo desde que tenía cinco o seis años. Estaba tan cautivada por el Amor, que:

(ella) apenas dormía media hora cada dos días. Sin embargo, nunca estaba cansada, ni se sentía pesada, ni le faltaban las fuerzas.[5]

Estaba enferma de amor. El amor te hace olvidar comer y dormir. ¡El Amor Divino es Vida!

Sorprendentemente algunos santos llevaron esta habilidad aun más lejos. La franciscana Santa Colette pasó todo un año sin dormir. ¡Sí, hemos leído bien! Y pensar ¡todo lo que se podría hacer con este tiempo extra! ¿Y si nunca estuviéramos cansados?

Más increíble aun es la historia de Ángela de la Cruz, una dominica española que no durmió nada durante los últimos ocho años de su vida. ¡Impresionante! ¡Lo quiero para mí! Quiero vivir tan cerca de Dios que incluso mi cuerpo se impregne de esta gloria.

Pero los que esperan en el Señor renovarán sus fuerzas, remontarán el vuelo como las águilas, correrán y no se fatigarán, caminarán y no se cansarán (Is 40:31).

O como dice la traducción VOICE (La Voz)

Correrán, nunca sin aliento, nunca fatigados. Caminarán, nunca cansados, sin desmayar.

El profeta Paul Cain vio que este versículo llegaría a su manifestación en un futuro próximo. Paul vio visiones de la cosecha con maravillosa claridad. En una de esas experiencias, parecidas a la proyección de una película, Paul vio, con todo lujo de detalles, cómo se llenarían los estadios de todo el mundo con reuniones de avivamiento en las que la gente sin fama predicaría los misterios durante días sin descanso. Sin detenerse ni sentarse por días enteros, sin mostrar ningún signo de fatiga o cansancio.

¡Esto está por llegar! Y yo lo creo y vivo para verlo ocurrir. Es por eso que escribo este libro. Creo que tenemos que continuar cuestionando nuestras limitaciones. Es hora de crecer y empezar a imaginar una vida más grande. ¡Una vida loca que transforme el mundo!

Nancy Coen, Ian Clayton y los santos antiguos nos demuestran que esto es posible. Y, es más, Jesús mismo lo demostró y nos invitó a hacer lo mismo. ¡Si esto es posible yo lo quiero!

Propongo un reto. Esta noche cuando vayamos a dormir, busquemos el Cielo. Mañana también. Y así hasta que un día ocurra algo nuevo. Las llaves pequeñas abren puertas enormes. ¡Amén!

*Otro pensamiento: ¿Jesús dormía?

Quiero proponer algo que el Padre me enseñó por revelación. Cada uno puede pensar lo que quiera si es que lo que digo no resuena con ellos. Tenemos el poder de pensar.

El Espíritu Santo me preguntó: **"¿Crees que Jesús estaba dormido en la barca?"** (en Lc 8:23)

Pensé en ello; en la tormenta, en el agua golpeando la barca, las olas, el pánico y las voces de los discípulos. Realmente no parece como que alguien pueda dormir en esa situación tan desastrosa, fría y pasada por agua. ¿Quién podría dormirse ahí?

El Espíritu respondió: "Él estaba fuera de sí en el Padre, en un éxtasis espiritual."

He pasado varios años estudiando teología mística, éxtasis y trances, estudiando la vida de los santos. Sabía que, en los estados más elevados de oración mística, la persona pierde la consciencia de su cuerpo físico. Se desvinculan de los sentidos físicos y quedan completamente absortos en el Amor Divino. En este estado el santo podía parecer estar muerto, en los casos más extremos incluso llegando a dejar de respirar.

Busqué la palabra que Lucas usó para describir a Jesús "durmiendo". Parece que eligió una palabra poco usada en el Evangelio. Sólo se usa una vez en todo el Nuevo Testamento. Es la palabra "aphynoo" (según la concordancia Strongs G879)[6]

Viene de otras dos palabras. La primera es "apo" que significa "la separación de una parte del todo". La segunda es "hypnos" de la que tenemos la palabra "hipnosis" y que significa "un estado parecido al sueño". También significa "letargo espiritual", es decir, un estado donde las capacidades físicas están en pausa.

¡Increíble! Esto casi describe a la perfección las descripciones que la teología católica hace de los estados místicos de éxtasis. Mi opinión es que esto es justo lo que le pasó a Jesús estando en la barca. Estaba aprovechando el tiempo en la barca para sumergirse completamente en el Padre. Estoy convencido de que esto lo hacía con frecuencia. Tiempo a solas con Papá. Descansando de las multitudes.

No digo categóricamente que Jesús no durmiera, especialmente de bebé. Lo que quiero decir es que Él trascendió la esclavitud del sueño (Mat 26:40) como Hijo maduro. El sueño no era su amo. Él vino de un Lugar más Alto e incluso la noche Le servía.

En la ley del Señor está su deleite,

En Su ley medita de día y de noche (Sal 1:2).

¡Día y noche! ¡Me encanta!

¡Vamos! ¡Recuperemos la noche!

SEÑORÍO SOBRE LA CREACIÓN

La Tierra ayudó a la mujer, y la tierra abrió su boca y tragó el agua que había inundado todo (Ap 12:16, NKJV).

Nuestros antepasados Adán y Eva tenían un mandato con la creación, y la autoridad para llevarlo a cabo. Como amigos íntimos del Divino, se les había delegado la tarea de dominar sobre el caos de la Tierra, y de regenerar el campo para devolverle la belleza y gozo del Edén.

Sed fructíferos y multiplicaos; llenad la tierra y sojuzgadla, y señoread (Gn 1:28, KJV).

¡Qué plan más maravilloso! ¿Cómo sería la Tierra hoy en día si hubiesen cumplido su tarea? Con frecuencia me imagino la Tierra completamente sanada, y a los descendientes de Adán saliendo al cosmos para dar forma a otros planetas y estrellas. Me imagino a Marte restaurado y lleno de vida. Nacer en aquella época debió ser fascinante.

Desgraciadamente, nacimos en un mundo muy diferente. La consecuencia de la fatídica caída del hombre truncó nuestra relación con el planeta y con los seres que lo habitan. Todo se corrompió. Se volvió desagradable. Espinos, la tierra dura, animales que matan a otros…

Esta relación se dañó aun más cuando Caín mató a Abel. Al derramar sangre, la Tierra retiró su fuerza.

Cuando labres la tierra, no te volverá a dar su fuerza [se resistirá a darte buenas cosechas] (Gn 4:12, AMP).

Este es un versículo muy curioso. La tierra es capaz de resistirse a nosotros o ayudarnos. Este es otro de los grandes misterios que la mayor parte de la Iglesia ha ignorado. Tenemos una relación dinámica con la Tierra. ¡Interactúa con nosotros! No nos damos cuenta de que está viva.

Pablo dio a entender que toda la materia creada es consciente de nuestra existencia y espera en nosotros. Leamos el siguiente texto pausadamente intentando entenderlo bien. ¡Es increíble!

Toda la creación espera y anhela el momento en que se manifiesten los Hijos de Dios. Porque la creación fue sometida a la frustración [no pudo alcanzar su propósito original], pero no por causa de ella, sino porque Dios así lo dispuso. Sin embargo, Dios colocó en ella la *profunda* y *constante* esperanza de que un día será liberada de la corrupción que la esclaviza y experimentará la gloriosa libertad de los Hijos de Dios. Pues sabemos que toda la creación todavía gime *a una* con dolores de parto (Ro 8:19-22, VOI).

La creación tiene una "esperanza profunda y constante" de que recuperemos nuestra relación original con ella y de que la liberemos. Sé que apenas estamos comenzando a entender esto.

Quizás, y sólo quizás, ya estemos preparados para aprender. Como hijos "KAINOS", a lo mejor, ya es hora de que nos demos cuenta de que fuimos creados para colaborar en los procesos creativos de Dios y para ayudar a la naturaleza.

El profeta Bob Jones solía decir que nosotros somos los "Escudos de la Tierra". Que nuestra tarea, nuestro papel, es proteger a la Tierra de los desastres.

Pues los escudos de la Tierra son de Dios (Sal 47:9, NKJV).

Los guardianes de la Tierra pertenecen a Dios (Sal 47:9, CEB).

Deberíamos ser más conscientes de nuestro mandato de proteger y cuidar de la Tierra y de la naturaleza.

En palabras del profeta John Paul Jackson:

Hay una razón por la que Dios no nos formó con Su palabra como hizo con la vegetación y los animales, la luna y las estrellas. Eligió crearnos de la Tierra. Nos dio forma con Sus dedos, usando barro. ¿Por qué? ¿Será que los humanos tienen una relación con la Tierra y la Tierra tiene una relación con nosotros que no alcanzamos a entender todavía? ¿Podría ser que, como con Caín, nuestras decisiones tengan efectos en la Tierra?[1]

La Biblia está repleta de historias que relatan la dinámica de nuestra relación con la creación:

Y los cuervos le (a Elías) traían pan y carne por la mañana, y pan y carne por la tarde; y bebía del arroyo (1 R 17:6).

Entraron [los animales] con Noé al arca, de dos en dos de toda carne en que *hay* espíritu de vida (Gn 7:15).

Moisés levantó la mano y golpeó la roca dos veces con su vara, y brotó agua en abundancia (Nm 20:11).

Hay muchos otros ejemplos en las escrituras. Parece que la Biblia está llena de lo que los teólogos católicos llaman "Místicos de la Naturaleza". ¡Nuestro destino parece estar ligado a la creación!

Desde el principio de su ministerio Jesús nos enseñó que estamos llamados a ser un punto de convergencia entre la naturaleza y el Cielo. Fijémonos en este texto:

Y estuvo allí en el desierto cuarenta días, y fue tentado por Satanás, y estuvo con las fieras y los ángeles le ministraban (Mr 1:13).

En un tiempo de gran tribulación, "las fieras" y "los ángeles" se juntaron a su alrededor. Tierra y Cielo responden a los Hijos.

Este es el Patrón de nuestra especie. Estamos hechos para traer armonía entre mundos, a unificar lo visible con lo invisible. Hay una fuerza magnética dentro de nosotros que atrae a la creación y atrae al mundo de los ángeles. Esta es la ley de la Vida.

Jesús también nos reveló que estamos hechos para gobernar sobre el tiempo atmosférico, o como dice en Génesis "ejercer dominio y sojuzgar".

Él se levantó y reprendió al viento y a las olas; la tormenta se apaciguó y todo quedó tranquilo. Y les dijo: ¿Dónde está vuestra fe? Ellos, llenos de temor, se decían asombrados unos a otros: ¿Pues quién es éste, que aun a los vientos y al agua manda, y le obedecen? (Lc 8:24-25).

Si la naturaleza está desequilibrada la culpa es nuestra.

¿Por qué digo esto?

La pista está en la historia anterior. Jesús les reprendió y preguntó por qué no habían hecho nada ELLOS. Ya habían obrado milagros antes.

¿Dónde estaba su fe?

A veces implorar a Dios es una verdad inferior a la de movernos en la Realidad del Reino. Estamos aquí para proteger la Tierra, y conforme la llevemos en nuestro corazón en amor podremos darle forma.

Creo que esto también se aplica a la mayoría de los terremotos y huracanes, sequías y lluvias torrenciales y demás. Los medios de comunicación los llaman "Actos de Dios", yo prefiero llamarlos "Falta de acción de la Ecclesia". Después de todo, nosotros somos el gobierno, los "Escudos de la Tierra".

En la era en la que vivimos el gobierno del tiempo es una parte importante de lo que estamos llamados a hacer. Ya lo hemos hecho otras veces, incluso con resultados espectaculares.

Una vez, ministrando en Brisbane, Australia, el cielo estaba completamente azul sin una sola nube a la vista. Nos dijeron que no había llovido en tres meses. A mí me sorprendió. Les pregunté por qué no habían hecho nada para remediarlo. Me miraron perplejos ante la idea de hacer llover.

Nos pusimos a orar para que lloviera de nuevo, pero no hasta tres días después, que era cuando nosotros estaríamos en el avión de regreso a casa. Queríamos tanto sol como fuera posible.

Tres días más tarde, camino del aeropuerto, vimos los nubarrones de tormenta que poco a poco iban cubriendo el cielo. Era una imagen preciosa. Cuando tomamos nuestros asientos en el avión, vi gotas de lluvia chocándose contra el cristal de la ventanilla. ¡Justo como habíamos orado! ¡Cuánto nos reímos! ¡Fue un momento perfecto!

En otras ocasiones el Señor nos ha pedido que cambiemos los patrones meteorológicos del Reino Unido para momentos estratégicos. Una vez tuvimos que retener las tormentas de nieve durante todo un invierno. Fue increíble. La agencia de meteorología había previsto un invierno terrible. Los periódicos del Reino Unido no sabían explicar lo que estaba pasando. En vez de nieve tuvimos sol. De hecho, los productos que más se vendieron ese año fueron las barbacoas y las ensaladas.[2] ¡Fue muy gracioso!

Sin embargo, Jesús no se quedó en dirigir tormentas, fue más allá y caminó en mayordomía sobre todo lo que tiene vida.

Simón le respondió, diciendo: Maestro, después de bregar toda la noche, no hemos pescado nada; pero, puesto que tu lo pides, echaré la red. Así lo hicieron, y encerraron una gran cantidad de peces; y la red se les rompía. Hicieron señas entonces a los compañeros que estaban en la otra barca para que vinieran a ayudarles. Vinieron, y llenaron ambas barcas, tanto que comenzaban a hundirse (Lc 5:5-7).

¡Vaya forma de pescar! ¿Y si hiciéramos lo mismo? Jesús es nuestro Modelo.

Y una vez más, otra de esas historias extrañas y fascinantes:

Ve al mar, echa el anzuelo, y al primer pez que suba, tómalo. Ábrele la boca y encontrarás una moneda (Mt 17:27).

Jesús podía haber creado la moneda en su mano. ¿Por qué lo hizo de esa manera? ¿Quizás para enseñarnos la relación que podemos tener con la creación? Sea la razón que sea, el caso es que ¡me encanta!

Los milagros relacionados con la naturaleza no pararon con Jesús. Los santos amaban la naturaleza y la naturaleza les amaba a ellos. ¿A lo mejor recordamos algún cuadro de santos rodeados de animales?

Los monjes franciscanos se destacaban por su relación con el mundo de la naturaleza, realmente amaban la creación y Dios usó ese amor para transformar comunidades enteras en muchas ocasiones. En la siguiente historia San Antonio se encontraba predicando en la ciudad de Rímini. La gente allí no era muy receptiva, tras dos días de intensa predicación seguían sin querer escuchar.

Entonces, un día, por inspiración Divina, san Antonio se fue a la orilla del rio. De pie, entre el rio y el mar, empezó a hablar a los peces, como si estuviera llamado a predicarles: "¡Peces del rio y del mar, escuchad la voz de Dios ya que los herejes infieles se niegan a escuchar!" Cuando hubo dicho esto, una vasta multitud de peces se acercó a la orilla... Todos asomaban sus cabezas a la superficie y miraban atentamente al rostro del santo, así permanecieron conservando la calma y el orden... Más y más peces se fueron agregando conforme San Antonio predicaba... Los habitantes de la ciudad se empezaron a acercar corriendo, para ser testigos de este singular milagro. Entonces, sus corazones fueron confrontados, y

todos ellos se echaron a los pies de San Antonio para escuchar sus palabras.[3]

Probablemente, los santos celtas de Irlanda y Bretaña fueron los que mejor entendieron esta relación simbiótica con la naturaleza. Se consideraban intrínsecamente entretejidos con la naturaleza. Incluso llamaban al Espíritu Santo el "Ganso Salvaje".

En la siguiente historia, San Cuthbert, que iba de camino a alcanzar con el Evangelio un pueblo aislado, se encontró en medio de un lugar remoto. Esto es lo que se conoce como el "deambular por el desierto", es decir, haciendo un trayecto desconocido. El joven discípulo de Cuthbert estaba de muy mal humor porque tenía mucha hambre:

Cuthbert le dijo que se animara y tuviera fe: "El Señor nos dará provisión en este día, como lo hace siempre". Entonces señaló al águila que les sobrevolaba, "¿Ves esa ave que vuela sobre nosotros?" Dios es capaz de darnos refrigerio a través de las águilas". El joven no tenía muy claro lo que Cuthbert estaba insinuando. Continuaron su camino junto al rio y vieron cómo el águila se posaba en la orilla con un pez en las garras. Cuthbert dijo: "Corre y ve a ver qué comida nos ha traído el águila de parte del Señor." El joven así lo hizo, y volvió, trayendo un pez enorme que el águila había pescado en el rio. Pero Cuthbert le dijo: "¿Qué has hecho, hijo mío? ¿Por qué no le has dado a nuestra doncella su parte? ¡Rápido, córtalo a la mitad y llévale la parte que le corresponde por ministrarnos!" [4]

Los celtas respetaban la creación y entendían nuestra relación sagrada.

Los milagros relacionados con la naturaleza siguieron presentes a lo largo de la historia. Podría llenar un libro de historias de estas. Pero he decidido incluir una reciente, de un libro escrito por Mark Sandford que se titula *Healing the Earth (Sanando la Tierra)*. Mark se encontraba de viaje de misiones con su equipo, en Taiwán. Estaban teniendo serios problemas con las picaduras de los insectos y Mark necesitaba ayuda urgente:

Los miembros del equipo se quejaban de que las picaduras de los mosquitos no les dejaban dormir. Entonces pensé, "Seguro que la intención original de Dios no era que nos atormentaran. Si Jesús ordenó al viento que dejara de soplar y que las olas quedaran en calma, en Su nombre yo debería por lo menos probar y ordenarles

a estos mosquitos que no nos piquen". Queriendo no pecar de presuntuoso, le pedí permiso a Dios para ordenar a los insectos que se fueran. A la mañana siguiente, desperté totalmente descansado mientras que mi compañero de la habitación contigua amaneció con ojeras hasta el suelo y cubierto, de pies a cabeza, de rojizas ronchas que había estado rascándose.[5]

¡Quizás Mark debió haber orado por todo el equipo! ¡Nos queda tanto por aprender! Pero estamos creciendo y creo que nos sorprenderemos a nosotros mismos con la distancia que lograremos recorrer. ¡Hay que soñar a lo grande!

Curiosamente, el libro hebreo de los Jubileos [6] enseña que los animales eran capaces de hablar con el hombre y entre sí al Principio. Hablaban con una voz. Tristemente, esta habilidad desapareció con la caída según recoge el Libro de los Jubileos. Al caer Adán, los animales también cayeron.

Sin embargo, por nuestra naturaleza "KAINOS", creo que recuperaremos esa conexión verbal con los animales. Nuestros sentidos se pueden agudizar:

Pero pregunta ahora a las bestias, y ellas te enseñarán;

A las aves de los cielos, y ellas te informarán;

O habla a la tierra, y ella te enseñará;

Los peces del mar te lo harán saber (Job 12:7-8, NKJV).

Tengo la certeza de que un día, incluso los animales serán restaurados al plan original y a su correcta relación con nosotros. Ellos son una gran parte del la Tierra transformada que está por emerger. Los niños jugarán con las serpientes y los leones comerán hierba (léase Is 11:7-9 y 65:25). ¡Increíble!

Tenemos que recuperar la PLENITUD del Evangelio. Jesús vino a salvar lo que se había perdido, y eso incluye a la Tierra, las plantas y los animales.

Dios estaba en Cristo. A través de Cristo, Dios estaba trayendo AL MUNDO ENTERO de vuelta para Sí mismo (2 Co 5:19, NLV) Dios puso la cuenta a cero a través del Mesías, dándole AL MUNDO un comienzo nuevo... (2 Co 5:19, MSG).

San Máximo comprendió nuestra conexión con el futuro del Universo:

El hombre no es un ser aislado del resto de la creación, por su propia naturaleza está vinculado con la totalidad del universo... en su camino de unión con Dios, el hombre no deja a las criaturas de lado, sino que en Su amor reúne a todo el cosmos, desordenado por el pecado, para que por gracia sea transfigurado.[7]

¡Qué bonito! ¡Transfigurado por gracia! Me encanta esta expresión, ¡qué delicia!

Según despertemos, la Tierra irá floreciendo y respondiendo visiblemente. ¡Volverá a la vida!

Porque con alegría saldréis, y con paz seréis conducidos; los montes y los collados prorrumpirán en cánticos de júbilo delante de vosotros, y aplaudirán todos los árboles con *sus* manos (Is 55:12).

Cuando alberguemos a la creación en nuestros corazones, veremos que está llena de vida y preparada para responder.

El reto está en cambiar nuestra relación con la naturaleza. Esta palabra es para AHORA. Esto marcará la diferencia entre el orden y el caos, las lluvias y la sequía, las tormentas y la calma.

¡Somos los "Guardianes de la Tierra"!

Nos estamos acercando el final de este libro. Espero que todos lo hayan disfrutado. En los dos próximos capítulos me gustaría compartir sobre la batalla que tenemos delante. Desde nuestra posición de gozo también tenemos que ser fuertes en el poder de Su fuerza. Sí, hay una batalla, pero Jesús nos dijo:

Estas cosas os he hablado para que tengáis paz en mí. En el mundo tendréis aflicción; pero tened ánimo, yo he vencido al mundo (Jn 16:33).

Lo cierto es que al nacer de nuevo entramos en un conflicto de los cielos, una batalla que ha existido desde antes que Adán fuese creado. Una batalla que ha devastado el cosmos y reducido el sistema solar a una triste sombra de lo que era antes.

En medio de este gigantesco caos, Dios eligió un lugar pequeño e insignificante para comenzar el proceso de re-creación. Un lugar que se ha convertido en crucial para el futuro de todas las cosas creadas: la Tierra.

¡Adán fue plantado en medio de la zona de guerra!

Ya sabemos lo que pasó después. La humanidad cayó y el caos prevaleció. Las plantas y los animales se volvieron salvajes. El orden natural de paz fue dominado por la supervivencia y la competición. Satanás volvió a sentarse encima de su minúscula montaña, desbordante de confianza y orgullo.

Otros seres del cielo se dejaron convencer por este orgullo satánico y se unieron a los rebeldes de la Tierra. Son los llamados Guardianes. Algunas personas los llaman ángeles o dioses. No está muy claro de dónde vinieron. Lo que sí se sabe es que abandonaron la dimensión en la que estaba su residencia y vinieron a la Tierra, desobedeciendo la voluntad de Dios. Enseñaron a los hombres tecnología y artes de ocultismo. El Libro Etíope de Enoc recoge su historia.

Venid y ved lo que Azazel (el Guardian) ha hecho con la tierra, ha enseñado maldad y ha revelado secretos eternos que estaban reservados para el cielo... De hecho, todos ellos han "dormido" con mujeres humanas y se han contaminado sexualmente y han instruido a los hombres en toda clase de pecados. Las mujeres han dado a luz a gigantes de gran tamaño. Estos han pervertido y han matado a muchos, derramando sangre sobre la tierra, y la maldad abunda. [1]

Esto fue en aumento, y para los tiempos de Noé las dimensiones de esta maldad eran catastróficas. La Tierra sufría violaciones por estas fuerzas diabólicas, existían seres con mezcla de ADN, los hombres de renombre y gigantes caníbales. Por todas partes la humanidad vivía sin ley, en profundo ocultismo y perpetua maldad.

Al ver el Señor que la maldad del ser humano en la tierra era muy grande, y que todos sus pensamientos tendían siempre hacia el mal, se arrepintió de haber hecho al ser humano en la tierra, y le dolió el corazón (Gn 6:5).

Fue entonces cuando la Tierra se inundó. Algunos creen que debió de haber unos seis mil millones de humanos con mezcla de ADN y tecnología sofisticada habitando la Tierra. Los únicos supervivientes fueron Noé y su familia. Ellos escaparon por intervención Divina.

Es muy sorprendente que Jesús dijera que su regreso estaría señalizado por la existencia de una generación que sería como la que habitaba en los días de Noé. Más chocante aun cuando leemos lo que Enoc cuenta de aquellos tiempos. Tiempos de gran conflicto entre la luz y la oscuridad.

La audiencia hebrea de Jesús conocía bien el Libro de Enoc y sus historias ancestrales. Eran conscientes de sus implicaciones. Sabían que lo que se avecinaba eran días de caos.

Conforme ganamos sabiduría y pasamos tiempo en la gloria, el Cielo empieza a ser nuestro mentor y a enseñarnos sobre el tema de este conflicto invisible. El velo se despega y empezamos a ver que hay mucho más de lo que nuestros ojos físicos alcanzan a ver.

En 2003 se me abrieron los ojos de forma inesperada. Todo empezó con una sucesión de sueños que tuve.

Empecé a ver acontecimientos del futuro con todo detalle. Vi la depresión de esta última década. La extensión de la sharía islámica por todo el mundo Occidental. La legalización del cannabis y muchas otras drogas. El matrimonio homosexual, seguido por el matrimonio grupal. También vi cómo la pornografía se infiltraba en los medios de comunicación, e intentaba capturar a los niños. Vi muchas otras cosas. Un plan de crear un falso avivamiento del Islam para alcanzar al mundo de la moda y la cultura de los famosos (celebrities). Yo no podía continuar como si no pasara nada. Algo estaba pasando, ¡y mucho!

Aquellas experiencias me siguen impulsando a hacer sonar la alarma. Odio la apatía y complacencia de nuestra cultura de tele-basura. Hemos puesto el modo piloto automático. Pero en mi opinión, hay algo más para nuestras vidas. Yo lo percibo y no puedo vivir sin ello. ¡Hay más!

El respetado profeta Paul Keith Davis también ha tenido visiones y sueños sobre esta era tan crítica. Sentado en la cama una noche, cayó en una especie de trance visión:

En esta experiencia vi el infierno. Estaba mirando hacia abajo y viendo el infierno. Podía ver una fuerza invisible... que quitaba una tapa que parecía la de una alcantarilla. Vi esta puerta redonda de hierro que abría las tripas del infierno. En esta experiencia es así como lo llamé, "las tripas del infierno". Entonces dije algo como: "¡Que alguien pare esto!" Grité para que alguien volviera a poner la tapa.

Vi espíritus inmundos que al salir de allí comenzaban a hincharse... llegué a reconocer a algunos por su apariencia. Vi algo que parecía Adolf Hitler y Stalin, también otros tiranos y personas que estuvieron ungidas demoniacamente. Las vi salir del propio infierno.

De alguna manera se me permitió ver cómo estos espíritus se manifestaban a personas en sus habitaciones, de una forma muy real y visible... tanto si era en sueños como en experiencias, vi que

el calibre de estas manifestaciones demoniacas no tenía precedente. En estas manifestaciones las personas recibían instrucción para caminar en niveles de oscuridad más altos de lo que jamás hemos visto.

Viendo las noticias yo diría que esto ya ha comenzado. ¿Quién hubiera pensado que grupos como ISIS en Siria e Irak cometerían actos tan horribles e inhumanos para encima retransmitirlos por todo el mundo? Los videos y las historias son escalofriantes. ¡Devastador!

Paul Keith continúa su relato:

Cuando ya casi no podía soportarlo más, dije: "No puedo seguir viendo esto". Entonces oí una voz que, bajando del Cielo, dijo "los hijos de la Luz deben responder al mismo nivel". Vi unos ángeles venir del Cielo… Eran ángeles que habían estado reservados para la batalla de los últimos tiempos. Habían estado esperando ante la presencia del Dios Todopoderoso… vi cómo estos ángeles se manifestaban a la gente en sus habitaciones… vi cómo les entrenaban a caminar en niveles de gloria, a acceder al mundo del Espíritu, a ser como Juan cuando dijo "Estaba en el Espíritu en el Día del Señor" ¡Juan sabía algo! El secreto de cómo estar en el Espíritu. [2]

¿No es eso lo que anhelamos?

Hace poco tuve una visión-sueño sobre esta batalla. ¡Parecía una película en 3D! las fuerzas demoniacas luchaban contra nosotros en la cima de una montaña. Se parecían al horrible ejército de orcos de la película *El Señor de los Anillos*. Luchaban con gran poderío. Estábamos en el fragor de la batalla, haciéndonos frente con violencia. ¡La intensidad era máxima!

Entonces la visión se elevó a vista de pájaro, como si fuera un águila. Entendí por qué la lucha era tan encarnizada. Vi cómo los orcos, en la cima de la montaña, estaban totalmente rodeados. Era su último reducto. Estaban aterrorizados. No tenían escapatoria. No tenían dónde esconderse. Luchaban por su supervivencia.

Entonces una voz audible gritó por todo el campo de batalla "¡Es hora de hacer OLEADA!" En la visión vi que, si las fuerzas de la Luz atacaran unidas, todo acabaría mucho más rápido. Si nos unificáramos, la batalla estaría vencida. Después caí en cuenta que la palabra "oleada" significaba dos cosas: un movimiento de gran cantidad de personas y el embate de las olas. Ambas cosas tienen que ocurrir.

Nuestro amigo Ian Clayton se crece en el conflicto. No le tiene miedo a lo demoniaco y ha participado en innumerables batallas, muchas de las cuales ha vencido. Con júbilo se refiere a esta lucha con el término "¡Despedazar!". En una conferencia que tuvimos en el Reino Unido, Ian dijo lo siguiente:

El gran problema es que la Iglesia ha centrado su enseñanza en la salvación. Instruyendo y empoderando a las personas para vivir en la Tierra. Esto es lo que pasa en la mayor parte de la vida de la iglesia.

Mi problema con esto es que la única manera de realmente vivir en la Tierra pasa por entender lo que es la vida en los cielos. Todo lo que ocurre en los cielos tiene dominio total e influye sobre cualquier cosa que acontezca en la faz de la Tierra.

La actividad del mundo espiritual transforma la actividad en la Tierra. Todo lo que tiene influencia ahí arriba determina lo que ocurre en la Tierra.

Hasta que no aprendamos que tenemos que gobernar desde esos lugares celestiales y tomemos nuestras verdaderas posiciones, continuaremos residiendo en la Tierra bajo una naturaleza caída.[3]

El nuevo mundo no va a llegar sin oposición. La batalla se ha vencido o perdido en múltiples dimensiones de existencia tanto visibles como invisibles. Es hora de aprender la forma de actuar de los Cielos. Es hora de estar en los asuntos de nuestro Padre, los cuales son justicia, paz y gozo.

(Jesús dijo) Vi a Satanás caer del cielo como un rayo. ¿Veis lo que os he dado? Andaréis entre serpientes y escorpiones sin peligro, y tendréis protección ante cualquier asalto del enemigo. Nadie os puede poner la mano encima (Lc 10:18-19, MSG).

La gloria del Evangelio es que Dios ahora habita en nosotros, y a través de nosotros, en victoria. Ahora participamos en el gozo de la justicia. El gozo de destruir las obras de la oscuridad. Las fuerzas del diablo están debajo de los que estamos en Cristo. Su poder está limitado. Para decirlo de otra manera más sencilla, ¡la Luz triunfa!

Jesús es el ejemplo. Él aplastó y humilló al enemigo.

En la cruz, despojó de su autoridad a las potestades espirituales del universo impostoras, y las hizo desfilar desnudas públicamente (Col 2:15, MSG).

Deberíamos seguir su ejemplo. ¿No estamos hartos de que nos anden empujando?

Satanás está limitado por todas partes. Dios le otorgó dones y habilidades al crearle. Nunca ha existido ninguna batalla entre Dios y satanás. La totalidad del mundo de las tinieblas dejaría de existir con una simple palabra de Dios. Pero Dios eligió derrotarle a través de aquellos que creó a Su imagen, aquellos que por su propia voluntad eligen adorar a Dios. [4]

Somos nosotros los que tenemos el poder para dar forma al futuro. Si el mundo es un desastre es porque no hemos terminado de entender el Evangelio. No hemos comprendido totalmente que:

La misión principal de Jesús se resume en una línea: "Para esto se manifestó el Hijo de Dios, para deshacer las obras del diablo" (1 Jn 3:8). Esa fue la tarea de Jesús, la de los discípulos, y es la nuestra también. El propósito de Dios al salvarnos no era simplemente rescatarnos y tenernos ocupados hasta que su regreso para llevarnos al Cielo. Su propósito era mucho mayor, Él nos comisionó para hacer cumplir la voluntad de Dios, "en la tierra, así como en el cielo", transformando este planeta en un lugar radiante y saturado de Su poder y presencia. Este es el fundamento de la Gran Comisión, y debería definir nuestras vidas. [5]

Como dice el compositor de canciones proféticas Godfrey Birtill:

¡Ya está bien -ya está bien -ya está bien -ya está bien! [6]

¡Es hora de devolver lo que se debe! ¿No nos dice eso el Espíritu?

Nuestra generación nació equipada para el combate. Nació equipada para la victoria.

Tu pueblo se ofrecerá voluntariamente [a tomar parte en Tu batalla] en el día de Tu poder (Sal 110:3, AMP).

Se acerca una gran batalla. No tengamos temor. ¡Dios vive en nosotros!

PARTICIPANDO DE LOS PODERES

Porque no tenemos lucha contra seres humanos, sino contra gobernadores, autoridades y potestades cósmicas (Ef 6:12).

En el capítulo anterior vimos cómo el mundo "KAINOS" no va a materializarse sin lucha previa, pero esta generación está preparada para ello. La Justicia arde en nuestra sangre y la fe rebosa en nuestros corazones. La Cruz nos ha sentenciado a victoria. ¡Nada lo puede evitar!

Como la aurora que se extiende sobre los montes, así avanza un ejército fuerte y numeroso, pueblo como nunca lo hubo en la antigüedad ni lo habrá en las generaciones futuras... indomable, intrépido, inquebrantable, imparable (Jl 2:2, MSG).

¿Estás listo? Déjame ayudarte. Vamos a mirar algunas situaciones reales de guerra espiritual y a rellenar algunos agujeros. Recordando que nuestra lucha no es humana ni está limitada a este mundo físico.

No nos estamos enfrentando en batalla contra enemigos meramente de carne y sangre. No, esta lucha es contra tiranos, autoridades, potestades sobrenaturales y príncipes demoniacos que se deslizan en la oscuridad de este mundo, y también contra ejércitos espirituales de maldad que acechan en los lugares celestiales (Ef 6:12, VOI).

Para hablar de todo esto nos vamos a tener que volver un poco raros.

Seamos honestos. Si vivimos en el Espíritu, vamos a ver un montón de cosas muy raras. Algunos dicen que no es más que mitológico, pura invención. ¡Están muy equivocados! ¡Es muy real!

Algo más apareció en el cielo. Era un dragón enorme con siete cabezas y diez cuernos, y una corona en cada una de sus siete cabezas (Ap 12:3, CEV).

Leer el libro de Apocalipsis es como pasearse por un mundo de fantasía. ¡Es increíble!

Y oí la voz del cuarto ser viviente, que decía: "Ven y mira". Miré, ¡y apareció un caballo amarillento pálido! Y el nombre del que lo montaba era Muerte, y el Hades le seguía (Ap 6:7).

Este capítulo no es para los que se asustan con facilidad. Si no estamos preparados es mejor dejarlo para otro momento.

Voy a ser muy honesto. Jamás fui buscando nada de esto. Yo sólo buscaba a Dios. Pasé años empapándome en su presencia. Poco a poco fui viendo cómo funciona el mundo.

De forma gradual, tuvimos que aprender a lidiar con toda esta porquería. Entidades extrañas tales como dragones, criaturas multidimensionales, espíritus del agua, posesiones demoniacas, tormentas, orbes oscuros, cosas que tienen la apariencia de ogros altos y delgados, incluso brujos humanos. ¡La batalla se nos vino encima!

En lo físico, hemos sido acosados por grupos de personas enfadadas. Experimentado la furia de los religiosos. Casi nos arrestan en las calles. Una vez en Francia, alguien intentó matarme en una conferencia de jóvenes. Todo esto instigado por potestades demoniacas. ¡Estamos hablando de algo que es muy real!

La Tierra está llena de basura. Hoy por hoy es lo que hay.

Hasta la restauración de todas las cosas, tenemos por delante una dura batalla que luchar y un mundo que transformar. Si quieres ocupar las montañas, tienes que desalojar a los falsos dioses que se han aposentado allí. Así es como funciona esto.

Estas fuerzas de las tinieblas se han opuesto a los Cielos desde hace siglos. Están muy crecidas, rebosantes de confianza y orgullo. Están convencidas de que mantendrán su territorio. En el Espíritu, he visitado a un "Cabal". Son los seres más arrogantes y seguros de sí mismos que se pueda imaginar. No encuentro palabras para describir lo orgullosos que son. Van vestidos con elegancia, son egoístas y pomposos. Se alimentan del polvo de la humanidad.

El fin de sus días será un día glorioso. ¿No crees?

Para entender cómo ganar esta guerra tenemos que volver a fijarnos en Jesús. El Espíritu le guiaba en el combate. Dios mismo es el que nos prepara para la victoria.

Jesús, lleno del Espíritu Santo, regresó del Jordán y fue llevado por el Espíritu al desierto. Allí estuvo cuarenta días y noches siendo tentado por el diablo (Lc 4:1, MSG).

Este es el lugar supremo de paz y gozo. La vida en el espíritu. La madurez es ser guiado.

Porque todos los que son guiados por el Espíritu de Dios son hijos [maduros] de Dios (Ro 8:14).

¿Qué pasó después? El profeta Rick Joyner recibió una serie de experiencias en las que vio lo que pasó en el desierto. Él mismo cuenta su revelación en el libro *When God walked the Earth*. (Cuando Dios caminó por la Tierra) [1]

Jesús se adentró en el desierto bajo una nube de tinieblas como nunca antes hubo en la tierra. Los cielos estaban atestados de todo tipo de demonios.

Rick vio cómo las hordas demoniacas de esa región congregaban depresión y pesadez sobre esa área. Cómo levantaban discordia y tempestades. Finalmente, apareció Satanás. Tenía un objetivo: seducir a Jesús para que se apartara de la voluntad del Padre.

Lucifer se presentó con sus atuendos más gloriosos, con más esplendor que ningún rey terrenal hubiera podido imaginar. Su rostro era dulce y atractivo, cualquier niño habría corrido a sus brazos. Jesús le reconoció inmediatamente y se plantó a sus pies para darle la cara.

Jesús no se dejaba impresionar ni por apariencias ni por encantos. Se mantenía en humilde obediencia al Padre. Anclado en su amor. Dispuesto a sufrir por la humanidad. Vio algo en nosotros por lo que merecía la pena dar su vida. Vio en lo que nos podíamos convertir. Su Novia.

Me encanta la siguiente escena que vio Rick. Es tan bonita... Exultantes de gozo por la victoria, Miguel y los ángeles se alinearon para reconfortarle y honrarle. Los cielos se abrieron.

Por miles de kilómetros en cada dirección, los destellos de las espadas

de las huestes angelicales que le rendían homenaje llenaron el cielo. La gloria de esta celebración no tenía precedentes en los Cielos. Cada ángel, cada querubín, cada ser creado en el Cielo, cantaba, bailaba, se regocijaba con todo su ser. ¡La verdad era victoriosa!

Mientras andaba por los senderos polvorientos del desierto, Jesús podía sentir el deleite del Padre. También podían sentirlo todos los ángeles que, alineados junto al camino, esgrimían sus espadas en posición de saludo. Esta era la comida de los ángeles. Unas horas antes era tiempo de tinieblas, pero ahora la luz resplandecía. ¡Qué rápido había sido el cambio!

Me encanta. Los que estén pasando tiempo de prueba, tomen ánimo. Perseveren. La tormenta romperá. Dios es fiel y te hará salir de ella, lleno de gozo y de honra.

Por la noche nos visita el llanto, pero a la mañana viene la alegría (Sal 30:5).

Siguiendo los pasos de Cristo, la iglesia primitiva conquistó territorios enormes. Los 120 eran imparables. Cuanta mayor era la resistencia que oponían las tinieblas, más grande era la expansión. Incluso los martirios instigaron el fuego, y este luego se extendió por todo el imperio romano en esa misma generación.

Emergieron comunidades pequeñas, pero valientes, que se oponían a la corrupción de Roma. Fueron los llamados "Padres del Desierto". ¿Os suenan? Encontraron el Edén estando en el desierto.

Uno de los primeros fue San Antonio de Egipto,[2] un hombre que se dio al ayuno y a la intercesión. En su humilde hogar, solo, Antonio luchó contra potentes fuerzas demoniacas.

Hubo un ruido repentino que hizo temblar la casa con violencia, aparecieron agujeros en la pared y una horda de demonios de diferentes tipos salió de ellos. Tomaron la forma de animales salvajes y de serpientes, y llenaron el lugar con sombras en formas de leones, toros, lobos, víboras, serpientes, escorpiones, e incluso leopardos y osos. Cada uno reproducía los ruidos de su animal… Sus rostros tenían una expresión cruel y el sonido de sus feroces voces era estremecedor.

Golpeado y magullado, Antonio… permaneció sin temor, con la

mente despierta... aunque las heridas de su cuerpo le hacían gemir, mantuvo la misma actitud y, casi desafiante, les dijo a sus enemigos: "Si tenéis alguna influencia, si el Señor os ha dado poder sobre mí, mirad, aquí estoy, devoradme. Pero si no es así, ¿Por qué malgastáis vuestros esfuerzos? Pues la señal de la cruz y la fe en el Señor es para nosotros una muralla que ninguno de vuestros asaltos puede derribar".

Aunque monte un gran espectáculo, el enemigo está limitado. La cruz ya ha vencido todas las batallas. El santo, motivado por Amor, continuó orando los salmos, fijando sus ojos en Jesús.

Antonio alzó los ojos, y vio cómo se abría el techo sobre su cabeza, y cómo las tinieblas se dispersaban, un rayo de luz recayó sobre él. En cuanto apareció esta luz brillante, todos los demonios se esfumaron, y el dolor en el cuerpo de Antonio cesó repentinamente. Además, el edificio, que había quedado destrozado, se restauró. En ese momento Antonio suspiró desde lo más profundo de su corazón, se dirigió a la luz que se le había aparecido y dijo: ¿Dónde estabas Señor? ¿Dónde estabas? ¿Por qué no estuviste aquí para sanar mis heridas desde el principio? Y una voz le respondió, diciendo: "Antonio, Yo estaba aquí, pero estaba esperando, quería ver tu lucha. Pero ahora, ya que has defendido tu posición en esta batalla con gran valor, Yo te socorreré siempre y te haré famoso por toda la tierra... Antonio tenía treinta y cinco años en ese momento.

Jesús cumplió su palabra. La pequeña vida de Antonio tuvo grandes repercusiones. Inspiró a que un número incontable de personas formaran comunidades monásticas de oración. Los santos celtas, los franciscanos, y muchos otros, siguieron su ejemplo. Aun Roma le pidió consejo.

De hecho, Satanás fue tan machacado por Antonio, que un día se presentó en su casa, llamó a la puerta y le suplicó que parara. ¡Increíble! Satanás (en forma de monje) dijo:

Soy digno de compasión. Te pregunto, ¿no has leído que las espadas del enemigo han sido quebradas para siempre y que has destruido sus ciudades? No tengo donde habitar, no poseo ninguna ciudad, tampoco tengo armas. Por cada nación y en toda la provincia resuena el nombre de Jesús, e incluso el desierto está a rebosar de monjes.

No es de extrañar que Dios se ría de él (Sal 2:4). ¿No queda bastante humillado por Jesús? Voy a dejar que Antonio continúe con su relato:

Entonces me maravillé y regocijé ante la gracia de Dios, y me dirigí al demonio con estas palabras: "Aunque eres un maestro del engaño, has dicho la verdad cuando te has visto forzado a admitir todo esto. Verdaderamente Jesús ha destruido tus poderes por competo, te ha despojado de tus honores como ángel, yaces revolcándote en el barro". Apenas había terminado de decir esto, cuando esta figura esbelta se desplomó en el suelo al mencionar el nombre del Salvador.

¿Por qué elegí esta historia? Pues porque es posible que alguien esté en medio de una batalla. La guerra no es señal de ir por el mal camino. Antes bien, se presenta con más intensidad en el camino que conduce a nuestro destino. La respuesta es perseverar en Jesús. Hemos sido llamados a grandes cosas.

A lo mejor esto nos parece excesivo, pero no hay por qué preocuparse. Lo que he descubierto es que Jesús te hace crecer a la altura de cada batalla conforme nuestra fe y confianza en Él aumentan. Él es el Buen Pastor que cuida de sus ovejas.

Preparas mesa delante de mí, provisiones en medio del ataque de mis enemigos; Tú cuidas de todas mis necesidades, unges mi cabeza con bálsamo fragante, llenas mi copa una y otra vez de Tu gracia (Sal 23:5, VOI).

El arma más poderosa que tenemos es el reposo. Cuando descansamos en Él, Él reposa en nosotros y estamos completos. Esta es la victoria suprema, estar sentados en Su trono.

Al que venza, le concederé el sentarse conmigo en Mi trono, así como Yo he vencido, y me he sentado con Mi Padre en Su trono (Ap 3:21).

Espero que algo de este capítulo haya sido de ayuda. Hay tantas otras cosas que decir, pero estoy convencido de que Jesús enseñará a cada uno lo que necesite saber. ¡Estamos en buenas manos!

Vamos a terminar con una cita de *El Señor de los Anillos* que me parece brillante. En la historia, unos tipos pequeñitos llamados hobbits y sus variopintos amigos vencen al mayor de todos los poderes oscuros.

Es como en las grandes historias, Sr. Frodo, las que realmente

importaban. Estaban llenas de peligro y de oscuridad. Y, a veces, uno no quería ni saber cómo acababan. Porque ¿cómo podía esa historia tener un final feliz? ¿Cómo podría el mundo volver a ser como era antes de que una cosa tan terrible pasara? Pero al final, es sólo una cosa pasajera, una sombra. Aun la oscuridad debe pasar. Y amanecer un día nuevo. Y cuando salga el sol, brillara con más fuerza.[3]

¡Me encantan los finales felices!

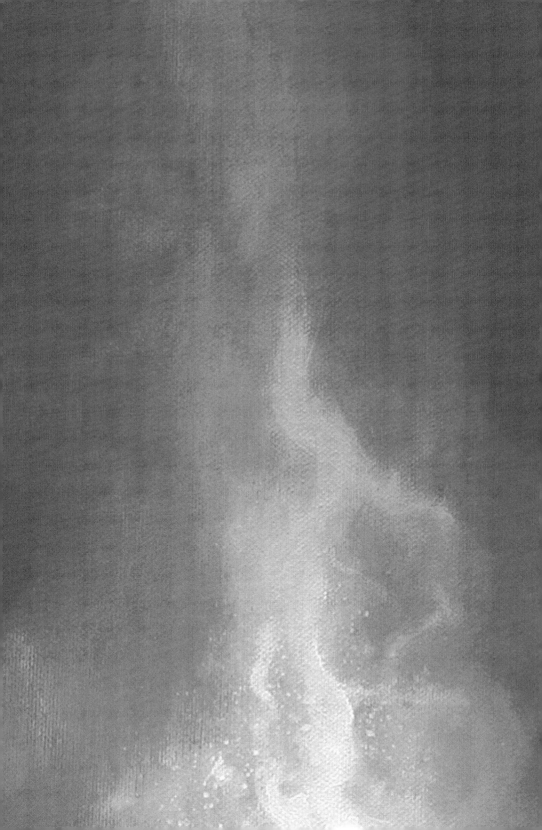

EPÍLOGO: MÁS ALLÁ DE LA TIERRA, LAS CONSECUENCIAS CÓSMICAS

No podía terminar el libro y dejar pasar la oportunidad de hablar sobre un misterio más. Un misterio que he tenido en mente durante años. La idea es desafiar al lector a mirar más allá del presente, e imaginar una vida "Más allá de la Tierra: Las Consecuencias del Evangelio en el Cosmos".

Amo la Tierra. Es la cuna de la humanidad. Y aunque es un lugar fantástico, sabemos que será transformado en algo aun más maravilloso. Será un lugar glorioso y totalmente nuevo.

Vi un cielo nuevo y una tierra nueva; porque el primer cielo y la primera tierra desaparecieron, y el mar ya no existe más. Y yo Juan vi la santa ciudad, la nueva Jerusalén, descendiendo del cielo, de junto a Dios, dispuesta como una novia ataviada para su esposo. Y oí una potente voz procedente del cielo que decía: "He aquí el tabernáculo de Dios con los hombres, y Él morará con ellos; y ellos serán Su pueblo, y Dios mismo estará con ellos como su Dios (Ap 21:1-3).

Empujados hacia una edad de oro. Veremos a Dios. Todo será diferente.

Aquí hay otro de los misterios de la etapa "KAINOS". Es algo muy cercano al corazón del Padre. Es el papel de la Ecclesia como gobernadores de todo el cosmos. Somos coherederos con Cristo, de todo lo que le pertenece al Padre.

El espíritu mismo le asegura a nuestro espíritu que somos hijos de Dios. Y si somos hijos; somos herederos; herederos de Dios y

coherederos con Cristo (Ro 8:16-17).

TODO lo que Cristo llama Suyo, nos pertenecerá a nosotros también (PHI).

Cada uno está capacitado y tiene libertad para estar en desacuerdo, pero estamos siguiendo la lógica del glorioso Evangelio:

Pues [aun toda] la creación [de cualquier naturaleza] anhela ardientemente y aguarda con ansiedad la revelación de los hijos de Dios [espera la manifestación de los hijos] (Ro 8:19, AMPC).

Y la esperanza es que al final toda la vida creada, sea rescatada de la tiranía del cambio y de la decadencia, y tener su parte en la gloriosa libertad que es exclusiva de los hijos de Dios (Ro 8:18-21, CEB).

Pensemos que todo, y en todas partes, espera que los hijos de la Luz lo libre del deterioro. La biblia es increíble y esconde profundas implicaciones que no debemos pasar por alto. La Palabra no se refrena para agradarnos, más bien nos invita a adentrarnos en lo misterioso. Nos invita a explorar territorios jamás soñados.

Dios puede hacer cualquier cosa, muchísimo más de lo que podamos imaginar o pedir, aun en nuestros sueños más atrevidos (Ef 3:20, MSG).

Hablemos del espacio por un momento. Se sabe que el universo conocido tiene, al menos, 13.800 millones de años luz, está lleno de galaxias y cada una de ellas contiene millones de estrellas, planetas y lunas. El cosmos es precioso.

Los científicos aseguran que, si con un alfiler apuntáramos al cielo de la noche, el área que ocuparía la punta albergaría unas 10.000 galaxias. Es difícil de imaginar, ¡el agujero de un alfiler contiene 10.000 galaxias!

¿Y qué hay en esas galaxias? ¿Hay un propósito extra planetario para la creación "KAINOS"? ¿Nos hemos preguntado esto alguna vez? Yo no me lo había preguntado nunca hasta el 2013, cuando estando en Sudáfrica vi como se abría un libro en una visión. El libro contenía revelación que había sido sellada, pero que ahora se ha dado a conocer a muchos. El Espíritu Santo está despertándonos a un sinnúmero de posibilidades:

Ahora bien, Dios nos ha revelado esto por medio y a través de Su Espíritu, pues el Espíritu [Santo] busca diligentemente, escudriña y examina todas las cosas, hasta las profundidades de las cosas

de Dios [los consejos divinos y las cosas ocultas que se escapan al escrutinio de los hombres] (1 Co 2:10-12, AMPC).

Solíamos pensar que el espacio era principalmente negro y estaba vacío. La ciencia está descubriendo que es más bonito y maravilloso de lo que nos habíamos imaginado. El espacio está lleno de estrellas gigantes, agujeros negros, nébulas espirales, colores preciosos y materia oscura (la sustancia misteriosa responsable de casi todo el universo). Sabemos muy poco.

Los científicos pensaban que el único planeta donde podía haber vida era la Tierra. Hoy en día, están encontrando muchos otros planetas habitables. El astrónomo Seth Shostak, del Instituto SETI (búsqueda de inteligencia extraterrestre) dice:

El número de mundos habitables en nuestra galaxia ciertamente ronda la decena de miles de millones, como poco, y eso sin contar las lunas. Y el número de galaxias observables, aparte de la nuestra, es de 100.000 millones. Así que, 100.000 millones multiplicado por 100.000 millones es billones de planetas habitables en el universo que alcanzamos a ver.[1]

Todo esto es simplemente dentro de nuestra burbuja, es decir, dentro del espacio al que llamamos uni-verso, pero puede que haya más ahí fuera.

El universo en el que vivimos puede que no sea al único que existe. De hecho, nuestro universo podría ser uno de los muchos que formaran un "multiverso". [2]

Las escrituras dicen que Dios creó muchos lugares "celestiales".

En el principio creó Dios los CIELOS y la tierra (Gn 1:1).

"Cielos" en la biblia se puede referir a "Espacio". Veamos los siguientes versículos:

Cuando contemplo Tus cielos, obras de Tus dedos, la luna y las estrellas que allí fijaste (Sal 8:3)

Y le sacó fuera, y le dijo: Mira ahora los cielos, Y cuenta las estrellas, si las puedes contar. Y le dijo: Así será tu descendencia (Gn 15:5).

No sea que alces tus ojos al cielo, y viendo el sol y la luna y las estrellas, y todo el ejército del cielo, seas impulsado, y te inclines a

ellos y les sirvas (Dt 4:19).

Lo que sí queda claro en la Palabra es que hay otras dimensiones junto a nosotros:

El mundo invisible (2 Co 4:18), el tercer cielo (2 Co 12:2), el cielo de los cielos (2 Co 6:18), muchas mansiones en la casa (Jn 14:2), lugares en la Tierra y debajo de ella (Ap 5:3), dentro del sol (Ap 19:7) y el hades o infierno (Lc 16:23).

La teoría de las cuerdas propone la existencia de diez dimensiones. La mayoría de ellas fuera del alcance de nuestra capacidad científica actual para descubrirlas. Otros estudios de física cuántica sugieren la existencia de aún más dimensiones. Una vez escuché a Ian Clayton decir que había 32. Todavía no le he preguntado sobre esto.

Y lo más maravilloso es que, de alguna forma, todo está esperando que Jesús se revele en los hijos "KAINOS". Está esperando nuestra manifestación gloriosa en Cristo.

Toda la creación está de puntillas para alcanzar a ver la maravilla de cómo los hijos de Dios llegan a ser quienes son (CEB)... arde de ganas de ver lo que está por llegar (MSG).

[el propósito es] que por medio de la iglesia la compleja y multifacética sabiduría de Dios, en toda su infinita variedad y en sus innumerables aspectos, pueda ahora darse a conocer a los gobernadores angelicales y a las autoridades (principados y potestades) en la esfera de los cielos (Ef 3:10, AMP).

Dentro de nuestro ADN espiritual está el deseo de ir más allá como Enoc, el amigo de Dios.

Enoc vio "todos los secretos de los cielos" y fue el primero en escribir sobre el Sistema Solar. Esto se recoge en el *Libro Etíope de Enoc*[3] que Judas cita en el Nuevo Testamento. Enoc fue el séptimo desde Adán, lo cual simboliza el final de una era.

Quiero plantear una posibilidad, y si ¿la Tierra no fuera más que el comienzo de la re-creación? La Tierra como cuna de la humanidad sería el principio de un viaje apasionante en el que el destino es llevar el orden a los lugares donde hay caos, reconciliando todo con Cristo, devolviéndolo al precioso Diseño original.

Se extenderá su soberanía y su paz, y no tendrán fin. Gobernará sobre el trono de su padre David con justicia y rectitud (TLB). Su imperio crecerá continuamente, y su paz no tendrá fin (LEB). Tendrá … un crecimiento ilimitado (GW) (Is 9:7).

Asumimos que esto se refiere al futuro. Sin embargo, Rick Joyner cree que algunos de los santos que están en el Cielo ya están aprendiendo a gobernar lugares del espacio. En su brillante libro *La Búsqueda Final*, Rick relata la visión que tuvo de los cielos:

Según me acercaba al Trono del Juicio de Cristo, aquellos con rangos superiores también estaban sentados en tronos que eran, a su vez, parte del trono de Cristo. Incluso el menor de esos tronos era más glorioso que cualquier otro trono de la tierra. Algunos de ellos gobernaban los asuntos del Cielo, otros los temas de la creación física, como las constelaciones y las galaxias.[4]

Creo que la mayoría de los que leyeron ese libro tan profundo, pasaron por alto las implicaciones de lo que Rick vio. Quizás ahora estemos preparados para realmente escuchar. ¡Dios está rompiendo esquemas!

Un día, estaba totalmente centrado en Dios orando con unos amigos. De repente, vi una luz intensamente brillante. Durante unos segundos fui atraído hacia arriba dentro de este rayo de luz. Tuve la sensación de estar moviéndome a gran velocidad.

Sin ningún aviso, me encontré junto a Jesús en alguna parte del espacio. Ambos estábamos de pie sobre lo que parecía una luna, observábamos una nébula preciosa. ¡Fue maravilloso!

Había ángeles con forma de bolas de luz viviente que entraban y salían de la nébula adorando a Dios. Las nubes de polvo brillaban con rojos y naranjas muy vivos. A su lado había un planeta azulado de inmensa belleza, que tenía anillos como Saturno. Llenaba casi todo el cielo. ¡Era sobrecogedor!

Un instante después, sin previo aviso, volví a ser llevado a la habitación donde orábamos, lleno del Espíritu Santo, preguntándome sobre el porqué de esta experiencia. Creo que como hacen los grandes artistas, Jesús quiso enseñarme una parte de su obra. Había sido creada por Él y para Él. ¡Lo increíble es que Él quiere compartir Su creación con nosotros! ¡Nos ama!

Porque por medio de Él fueron creadas todas las cosas en el cielo y en la tierra, visibles e invisibles, sean tronos, poderes principados o autoridades: todo ha sido creado por medio de Él y para Él (Col 1:16).

Jesús lo creó todo. No deberíamos tener miedo de esto ya que es parte de Su vida y ahora es nuestro por nuestra unión en Él. Sé que este tema no es algo de lo que solamos hablar. Según crecemos, vamos descubriendo más y más cosas. ¡Es parte del Diseño Divino!

Para concluir, estoy convencido de que lo que está por llegar no tiene precedente en la historia. No va a ser un nuevo derramamiento de avivamiento como en épocas anteriores, aunque todo eso lo honramos y lo apreciamos. Ninguna mente cuadriculada puede contener al Cristo ilimitado que está en nosotros.

El apóstol Pablo entendió esto muy bien:

Nunca ceso de orar por vosotros, y esta es mi oración: Que el Dios de nuestro Señor Jesucristo, el Padre a quien pertenece la gloria, os otorgue sabiduría espiritual y os de revelación para que le conozcáis mejor. Que recibáis la iluminación interior que viene del espíritu, la cual os hará reconocer la grandeza de la esperanza a la que os está llamando, la magnificencia y esplendor de la herencia prometida a los creyentes, y el tremendo poder al que tenemos acceso los que creemos en Dios (Ef 1:16-19 PHI).

Nos vamos a hacer

Interestelares

Transdimensionales

E inmortales.

El futuro está vinculado con el cosmos. O bien a través de la tecnología cuántica y el desarrollo espacial, o a través de la teleportación "KAINOS" y el moverse en el espíritu más allá del cuerpo físico, lo que sé es que estamos pasando a otro nivel. Dios nos está llevando a otro mundo y jamás volveremos atrás.

Las últimas generaciones en esta tierra van a experimentar la mayor aventura que el mundo jamás ha conocido.[5]

Ciertamente diremos que ¡Dios guardó el mejor vino para el final!

TRADUCCIONES DE LA BIBLIA

En la traducción de los versículos, he usado la versión de Reina Valera © 1977 por CLIE o la Nueva Versión Internacional © 1999 por Biblica, Inc., para los textos donde el autor ha usado la versión New King James. He parafraseado los textos donde el autor ha usado otra versión, siempre intentando capturar el énfasis que hace esa traducción particular. Este fue el deseo del autor.

AMP – (Biblia Amplificada) Copyright © de The Lockman Foundation, La Habra, CA 90631

AMPC – (Biblia Amplificada Edición Clásica) Copyright © 1954, 1958, 1962, 1964, 1965, 1987 por The Lockman Foundation.

BE – (Biblia en Inglés Básico) Copyright © 1965 por Cambridge Press Inglaterra.

CEV – (Versión en Inglés Contemporáneo) Copyright © 1995 por la Sociedad Bíblica Americana.

CJB – (Biblia Judía Completa) Copyright © 1998 por David H. Stern.

DAR – (Traducción de Darby) Dominio Público.

DLNT – (Nuevo Testamento Literal de los Discípulos) Copyright © 2011 Michael J. Magill. Todos los derechos reservados. Publicado por Reyma Publishing.

DRB – (Douay-Rheims) 1899 Edición americana. Dominio Público.

ERV – (Fácil de Leer) Copyright © 2006 por La Liga Internacional de la Biblia

GW – (Palabra de Dios) Copyright © 1995 por God's Word to the Nations (Palabra de Dios a las Naciones) Baker Publishing Group.

HSCB – (Biblia Holman Estándar Cristiano) Copyright © 1999, 2000, 2002, 2003, 2009 por Holman Bible Publishers, Nashville Tenessee.

ISV – (Versión Internacional Estándar) Copyright © 1995, 2014 por ISV Foundation. Davidson Press, LLC.

KJV – (Versión Rey James) Dominio Público.

KNO – (El Nuevo Testamento) Copyright © 1997 por Ronald A. Knox.

LEB – (Biblia Inglés Lexham) 2012 por Logos Bible Software. Lexham es una marca registrada de Logos Bible Software.

MIR – (Biblia El Espejo) Copyright © 2012 por Francois du Toit.

MSG – (El Mensaje) Copyright © 1993, 1994, 1995, 1996, 2000, 2001, 2002 por Eugene H. Peterson.

NLT – (Traducción Viviente Nueva) Copyright © 1996, 2004, 2007, 2013 por Tyndale House Foundation. Tyndale House Publishers Inc., Carol Stream, Illinois 60188. Todos los derechos reservados.

NLV – (Versión Vida Nueva) Copyright © 1969 por Literatura Cristiana Internacional.

NOG – (Biblia Nombres de Dios) Copyright © 2011 por Baker Publishing Group.

PAS – (Traducción la Pasión) Copyright © 2014, por Brian Simmons.

PHI – (El Nuevo Testamento en Inglés Moderno de J.B. Philips) Copyright © 1960, 1972 J.B. Philips. Administrado por El Consejo de Arzobispos de la Iglesia de Inglaterra.

TLB – (La Biblia Viviente) Copyright © 1971 por Tyndale House Foundation.

TCNT – (Nuevo Testamento del Siglo Veinte) Copyright © 2013 por Hardpress Publishing.

WE – (Nuevo Testamento en Inglés Global) Copyright © 1967, 1971, 1996, 1998 por SOON Educational Publications.

WMS – (El Nuevo Testamento en el Lenguaje de la Gente Traducido del Griego por Charles B. Williams) Copyright © 1972 Moody Publishers.

WNT – (El Nuevo Testamento Weymouth) también conocido como El Nuevo Testamento en Discurso Moderno, Copyright © 1903, James Clarke & Co (Londres).

VOI – (La Voz) Copyright © 2012 Thomas Nelson, Inc. The VoiceTM translation © 2012 Sociedad Bíblica Ecclesia

REFERENCIAS

Prólogo: El Amanecer
1. Larry Randolph, *Spirit Talk, Hearing the Voice of God*, MorningStar Publications (2005).
2. C. S. Lewis, *Mero Cristianismo*. Citado desde www.goodreads.com
3. Rick Joyner, A Prophetic Vision for the 21st Century. Thomas Nelson Publishers, 1999.
4. Patricia King, *Spiritual Revolution: Experience the Supernatural in Your Life*. (La Revolución Espiritual) Destiny Image (2006).

Primera parte: Introducción
La cosecha
1. Rick Joyner, *Visions of the Harvest, (La Cosecha*, versión ampliada) Edición formato E-Book. Distribuido por MorningStar Publications, Inc (2013).

Los Hijos "KAINOS"
1. James Strong, Diccionario bíblico Strong. Editorial Caribe (2002) Citado desde www.blueletterbible.org
2. W.E. Vine's M.A., Expository Dictionary of New Testament Words. Publicado en 1940 y sin copyright

La Co-misión Mística
1. Patricia King, *Spiritual Revolution: Experience the Supernatural in Your Life*. (La Revolución Espiritual) Destiny Image (2006).
2. Rick Joyner, www.morningstarministries.org.

Segunda parte: Más que Humanos
Capítulo 1 - Conectados a Sión
1. Paul Keith Davies, www.whitedoveministries.org.
2. Roland H. Buck, *Angels on Assigment*, Whitaker House (1979).
3. Rick Joyner, *The Sword and the Torch, (La Espada y la Antorcha)*, Publicado por MorningStar Publications (2003).
4. James Maloney, *Ladies of Gold: The Remarkable Ministry of the Golden Candlestick*, Volumen Uno: 1. Publicado por Answering the Cry

Publications (2011).

5. Rick Joyner, *The Sword and the Torch*, *(La Espada y la Antorcha)*, Publicado por MorningStar Publications (2003).
6. Martin Luther King Jr., citado desde BrainQuote.com.

Capítulo 2 - La Comunidad de Ángeles

1. Bobby Connor, https://companyofburninghearts.wordpress.com/2011/10/14/other-voices-bobby-conner-wisdom/ (2011).
2. Richard Sharpe, *Adomnan of Iona – Life of St Columba*. Penguin Books (1995).
3. Randy Clark, *Kingdom Foundations* - conferencia en Cardiff, Gales (2013).
4. John Paul Jackson, citado de una grabación en vivo en Inglaterra, Reino Unido. Más información en www.streamsministries.com
5. Roland H. Buck, *Angels on Assignment*. Whitaker House (1070).
6. Gary Oates, *Open my Eyes, Lord: A Practical Guide to Angelic Visittions and Heavenly Experiences*, *(Señor, Abre mis Ojos)*. Open Heaven Publications.

Capítulo 3 - La Nube de Testigos

1. C. S. Lewis, en www.goodreads.com.
2. Rick Joyner, *The Final Quest*. *(La Búsqueda)*. MorningStar Publications.
3. Roberts Liardon, *We saw Heaven*. Destiny Image (2000).
4. Godfrey Birtill, Two Thousand Years Ago. 2010 © Thankyou Music UK.
5. James Innell Packer y Thomas C. Oden, One Faith Evangelical Consensus. InterVarsity Press (2004).
6. Rev. Fr. Angelo Pastrovicchi, St Joseph of Copertino. TAN Books (1980).
7. Saint Francis of Assisi (San Francisco de Asís) en www.goodreads.com.
8. Paul Keith Davis, de una conferencia en directo. Más sobre Paul Keith en www.whitedoveministries.org.

Capítulo 4 – Telepáticos

1. Upton Sinclair, *Mental Radio*. Read Books Ltd (2013).
2. Hans Berger, citado desde http://news.discovery.com/human/life/love-telepathy-is-it-real-120212.htm.
3. Citado desde http://www.spiritscienceandmetaphysics.com/scientific-proof-our-minds-are-all-connected/.
4. Citado desde http://dailymail.co.uk/news/article-2745797/Scientists-claim-telepathy-success-sending-mental-message-one-person-4-000-miles-away.html.

Capítulo 5 - Centros Telepáticos: Un Cuerpo

1. David Humphries, *The Lost Book of Enoch.* Cambridge Media Group (2006).
2. Jan Johnson, *Madame Guyon.* Bethany House Publishers (1998).
3. Joan Carroll Cruz, *Mysteries, Marvels, Miracles in the Lives of the Saints.* Tan Books and Publishers (1997).
4. Ídem.

Capítulo 6 - Visión Remota

1. https://en.wikipedia.org/wiki/Remote_viewing
2. Richard Sharpe, *Adomnan of Iona – Life of St Columba.* Penguin Books (1995).
3. Letras disponibles en https://www.metrolyrics.com/a-whole-new-world-lyrics-aladdin.html

Capítulo 7 - Ciencia Infusa

1. Definición de "Ciencia Infusa" obtenida en https://www.catholicculture.org/culture/libray/dictionary/index.cfm?id=34207
2. Kathie Walters, *Celtic Flames.* Good News Ministeries (1999).
3. John G. Lake, *John G. Lake : His Life, His Sermons, His Boldness of Faith.* Kenneth Copeland Publishing (1995).
4. David Humphries, *The Lost Book of Enoch.* Cambridge Media Group (2006).

Capítulo 8 - Transportes Milagrosos

1. John Paul Jackson, citado de una grabación en directo en Inglaterra, Reino Unido. Más sobre John Paul en www.streamsministries.com.
2. Ídem.
3. Joan Carroll Cruz, *Mysteries, Marvels, Miracles in the Lives of the Saints.* Tan Books and Publishers (1997).
4. Ídem.
5. Ídem.
6. Más en nuestro Podcast GRATUITO titulado "Transrelocation with Ian Clayton". Disponible en http://companyofburninghearts.podomatic.com o iTunes.

Capítulo 9 - Metamorfosis

1. David Adam, Walking the Edges, Living in the Presence of God. Society for Promoting Christian Knowledge, Bookmarque Ltd (2003).

2. Joan Carroll Cruz, *Mysteries, Marvels, Miracles in the Lives of the Saints.* Tan Books and Publishers (1997).
3. Cassandra Eason, Fabulous Creatures, Mythical Monsters, and Animal Power Symbols : A Handbook. Greenwood Publishing Group (2008).
4. Disponible GRATIS en https://companyofburninghearts.podomatic.com.

Capítulo 10 - Cambios Dimensionales
1. Julian of Norwich. Citado desde http://jordanenari.com/2013/11/08/more-in-heaven-wisdom-from-julian-of-norwich/.
2. Joan Carroll Cruz, *Mysteries, Marvels, Miracles in the Lives of the Saints.* Tan Books and Publishers (1997).
3. Ídem.
4. Hermano Yun con Paul Hattaway, *The Heavenly Man: The Remarkable True Story of Chinese Christian Brother Yun.* (El Hombre Celestial) Monarch Books (2002).
5. Michael Van Vlymen, *Supernatural Transportation, Moving Through Space, Time and Dimension for the Kingdom of Heaven.* Ministry Resources (2016).
6. Nancy Coen enseñanza disponible gracias a Benji Fiordland en www.revivalschoolnz.com.

Capítulo 11 - Inedia: Ayuno Prolongado
1. John Crowder, The Ecstasy of Loving God: Trances, Raptures, and the Supernatural Pleasures of Jesus Christ. Destiny Image (2008).
2. Kathie Walters, *Celtic Flames.* Good News Ministeries (1999).
3. Hermano Yun con Paul Hattaway, *The Heavenly Man: The Remarkable True Story of Chinese Christian Brother Yun.* (El Hombre Celestial) Monarch Books (2002).
4. Joan Carroll Cruz, *Mysteries, Marvels, Miracles in the Lives of the Saints.* Tan Books and Publishers (1997).
5. Más sobre este tema en nuestros Podcasts: Life and Immortality. GRATIS en https://companyofburninghearts.podomatic.com. (marzo 2015).

Capítulo 12 - Más allá del sueño: Redimiendo la Noche
1. Paul Keith Davis, hablando en el taller "Promised Land" en Chester, Reino Unido con MorningStar Europe (nov. 2015). Véase: www.morningstareurope.org para más información.
2. Nancy Coen enseñanza disponible gracias a Benji Fiordland en www.revivalschoolnz.com. Muy recomendada.
3. David Adam, *Aidan, Bede, Cuthbert: Three Inspirational Saints.* Society for

Promoting Christian Knowledge, Bookmarque Ltd (2006).

4. W. Heywood, *The Little Flowers of St. Francis of Assisi*. Arrow Books Ltd (1998).

5. Montague Summers, Physical Phenomena of Mysticism. Kessinger Publishing Co (2003).

6. James Strong, *Strong's Biblical Dictionary* (Diccionario Bíblico) publicado en 1800. Acceso en www.blueletterbibleorg.

Capítulo 13 – Señorío sobre la Creación

1. John Paul Jackson. Citado desde http://www.streamsministries.com/resources/discipleship/some-thoughts-about-the-earth-and-righteousness.

2. Supernatural weather miracle http://www.tegraph.co.uk/finance/newsbysector/retailandconsumer/85975/Shops-feel-the-chill-as-country-basks-in-mild-winter.html.

3. W. Heywood, The Little Flowers of St. Francis of Assisi. Arrow Books Ltd (1998).

4. David Adam, *Aidan, Bede, Cuthbert: Three Inspirational Saints*. Society for Promoting Christian Knowledge, Bookmarque Ltd (2006).

5. John Sandford y Mark Sandford, *Healing the Earth... A Time for Change*. BT Johnson Publishing (2013).

6. R. H. Charles, *The Book of Jubilees. (El Libro de los Jubileos) de "The Apocrypha and Pseudepigrapha of the Old Testament"*. Oxford Clarendon Press (1913).

7. John Sandford y Mark Sandford, *Healing the Earth... A Time for Change*. BT Johnson Publishing (2013).

Capítulo 14 – El Conflicto de los Cielos

1. David Humphries, *The Lost Book of Enoch*. Cambridge Media Group (2006).

2. Paul Keith Davis, *The Days of Noah* serie de enseñanza en audio. En venta en www.whitedoveministries.org.

3. Ian Clayton enseñanza en directo en "Beyond the Veil" en COBH. Véase más en recursos en www.sonofthunder.org.nz.

4. Bill Johnson, *Hosting the Presence : Unveiling Heaven's Agenda*. Destiny Image (2012).

5. Bill Johnson, *Spiritual Java*. Destiny Image (2010).

6. Godfrey Birtill, *Hijacked into Paradise*. Whitefield Music (2009).

Capítulo 15 – Participando de los Poderes
1. Rick Joyner, When God Walked the Earth. MorningStar Publications (2007).
2. Carolinne White, Early Christina Lives. Penguin Books (1998).
3. J. R. R. Tolkien a través de http://www.councilofelrond.com/moviebook/4-07-the-stories-that-really-matter/.

Epílogo: Las Implicaciones Cósmicas
1. Seth Shostak. Citado desde http://www.huffingtonpost.com/2014/06/24/habitable-planets-seth-shostak_n_5527116.html.
2. Clara Moskowitz. Citado desde http://www.space.com/18811-multiple-universe-5-theories.html.
3. David Humphries, The Lost Book of Enoch. Cambridge Media Group (2006).
4. Rick Joyner, The Final Quest. (La Búsqueda Final). MorningStar Publications (1996).
5. Rick Joyner, The Apostolic Ministry. (El Ministerio Apostólico). MorningStar Publications (2004).

Capítulo extra: Caminando en el Aire
1. John Crowder, The Ecstasy of Loving God, Trances, Raptures and the Superntural Pleasures of Jesus Christ. Destiny Image (2009).
2. Teresa de Ávila y J. Cohen, The Life of Saint Teresa of Avila by herself. (La vida de Santa Teresa) Penguin Books (1987).
3. Ídem.
4. Joan Carroll Cruz, Mysteries, Marvels, Miracles in the Lives of the Saints. Tan Books and Publishers (1997).
5. Raymon de Capua, The Life of St. Catherine of Sienna. (La vida de Santa Catalina de Siena) Dominio Público.
6. Joan Carroll Cruz, Mysteries, Marvels, Miracles in the Lives of the Saints. Tan Books and Publishers (1997).
7. Reverendo Fr. Angelo Pastrovicchi, St Joseph of Copertino. (San José de Copertino) TAN Books (1980).
8. John G. Lake, John G. Lake : His Life, His Sermons, His bolness of Faith. (John G. Lake: vida, sermones y fe) Kenneth Copeland Publishing (1995).

CAPÍTULO EXTRA: CAMINAMOS EN EL AIRE

Tu admirable belleza nos ha calado hondo, ¡has sido tan bueno con nosotros! ¡Estamos eufóricos! (Sal 89:17, MSG).

Hemos llegado al capítulo secreto. Como cuando al final de los créditos de una película te meten una escena extra, pensé que sería divertido introducir una última idea más sobre el concepto "KAINOS". He escrito otros capítulos que al final no fueron seleccionados para su publicación, pero este no podía dejar de incluirlo. ¡Demasiado "KAINOS" divertido como para dejarlo fuera!

¡La LEVITACIÓN!

Si todavía quieres más, sigue leyendo… ¡Allá vamos!

Jesús vino y restauró en nosotros el plan original. La última cosa que hizo Jesús antes de volver al Cielo fue despegar del suelo y flotar en el aire hasta desaparecer.

Y habiendo terminado su comisión, empezó a elevarse del suelo, ante la mirada de sus discípulos, hasta que una nube Lo ocultó de sus ojos (Hch 1:9, VOI).

Creo que Jesús hizo esto para mostrar al mundo que los hijos son dueños de los cielos. El que domina el cielo gana la guerra.

Son muchos los que, siguiendo los pasos de Jesús, han subido flotando. Cientos de ellos han sido santos católicos, a quienes se les vio haciendo esto, pero ¿cuántas personas no lo habrán hecho en privado?

¿Quiénes son estos que vuelan como nubes? (Is 60:8).

Este milagro, que se conoce como "Levitación" o "Ascensión", es uno de los fenómenos de la oración mística, y con frecuencia viene asociado a éxtasis y arrebatamientos.

Parece que la gravedad se convierte en una fuerza menor cuando soplan las corrientes ascendentes del cautivador Amor Divino.

Veamos lo que la monja Dominica María Villani dice en cuanto a esto:

En una ocasión me encontré experimentando algo nuevo. Me sentí agarrada y extraída de mis sentidos, y era tan real que me vi completamente elevada desde la planta de los pies, así como un imán atrae a un trozo de hierro, pero con extremada delicadeza. Al principio sentí miedo, pero después permanecí en el más inmenso gozo y contentamiento de espíritu. No cabía en mí de alegría, aun así, pude darme cuenta de que me había elevado sobre la Tierra, y que mi cuerpo estuvo suspendido en el aire por un espacio considerable de tiempo. Hasta la última nochebuena (1618) esto me ha ocurrido en cinco ocasiones diferentes. [1]

Una de las mayores influencias en mi vida ha sido Teresa de Ávila (Santa Teresa de Jesús). Teóloga mística, que experimentó en carne propia todo lo que escribió, y que documentó los estadios de la oración y cómo el cuerpo percibe cada fase del éxtasis. He leído su autobiografía [2] muchas veces, y la llevo conmigo por todo el mundo.

En la siguiente historia, Teresa estaba predicando y sintió que iba a ser arrebatada y levitar. Ya había advertido a sus amigas de que esto podía pasar y había pedido su ayuda. ¡Este tipo de experiencia la avergonzaba!

Sentí que el Señor me iba a extasiar de nuevo, y esta vez durante el sermón. Era el día de nuestro patrón y había mujeres importantes en la reunión. Me tumbé en el suelo y las hermanas intentaron mantenerme allí, pero sus esfuerzos fueron fallidos y, ante la vista de todos, fui arrebatada. [3]

¡Vaya imagen! Un grupo de monjas echándose encima de otra monja en el suelo. ¿Qué pensarían esas señoras que estaban de visita? Seguro que fue algo gracioso de ver. Aun así, el espíritu la elevó.

Teresa describe en detalle cómo se perciben estos arrebatamientos. Esto a mi me despierta el hambre de Dios.

Los efectos del arrebatamiento son muy grandes. Uno de ellos es que se manifiesta el poder del Señor. En ese momento comprendes

que no puedes hacer nada para controlar el alma o el cuerpo en contra de Su Soberana voluntad. **No somos los amos, nos guste o no, comprendemos que hay Uno más grande que nosotros, y que estos favores nos son dados por Él, y que, de nuestra parte no podemos aportar absolutamente nada.**

Y continúa:

Esto nos marca con una profunda humildad. Confieso que, en mí, esto despertó un gran temor, al principio fue un temor enorme. Uno se ve a sí mismo elevándose del suelo; y aunque el espíritu atrae el cuerpo hacia sí de la manera más delicada posible, si este no se resiste, uno no llega a perder la consciencia. Por lo menos yo tenía bastante capacidad como para ver que mi cuerpo se estaba elevando. La majestad de Aquel que es poderoso para hacer esto se manifiesta de tal forma, que se te eriza el bello y un gran temor te sobrecoge sólo de pensar en ofender a un Dios tan grande.

¡Precioso!

Lo que me encanta de santa Teresa es que ella no estaba intentando levitar ni hacer nada que no fuera enamorarse más y más de Dios. Este es el camino místico. Es el camino del Amor.

San Francisco fue un hombre de increíble integridad que también intentó ocultar que levitaba. Con frecuencia oraba en lugares apartados, y sus amigos le encontraban elevado en el aire. A veces se elevaba tanto que se perdía de vista en el cielo:

(el hermano Leo) encontró a San Francisco fuera de su celda (cuarto) elevado en el aire, a veces a casi un metro de altura, otras veces, a más de un metro, en otras ocasiones, a la mitad de la altura de las hayas (35-40 metros) o incluso al nivel de la copa del árbol. Algunas veces encontró al santo tan elevado en el aire y rodeado de tal brillo, que apenas pudo verle. [4]

Catalina de Siena también levitaba desde muy temprana edad. Por muy extraño que esto nos suene, ella subía al piso de arriba de su casa ¡volando! Su biógrafo, Raymond de Capua, escribió lo siguiente:

Su madre me informó, y Catalina tuvo que admitir, que cuando quería subir las escaleras lo hacía sin que sus pies tocaran el suelo, y con tanta rapidez que su madre temía que se fuera a caer. [5]

San Francisco de Posadas, monje Dominico, ascendía flotando durante la misa:

Una vez, habiendo regresado al suelo, confesó que "no sé si soy yo quien se despega de la tierra, o ella que se retira de mí". En una ocasión, después de recitar las palabras de la consagración, su cuerpo se elevó en el aire y quedó allí suspendido. Cuando por fin descendió, la congregación vio que una luz intensa le envolvía y que su rostro se había transformado; sus arrugas habían desaparecido, su piel se había vuelto transparente como el cristal y sus mejillas tenían un color rojo intenso. [6]

Uno de los santos "voladores" más divertidos es José de Cupertino. Era un hombre totalmente adicto a Dios, y aun las cosas más sencillas, desde ver un cuadro navideño de Jesús a tomar la comunión, le hacían caer en éxtasis o le arrebataban. Llegaba a flotar entre dos y tres horas al día. ¡Con razón es el santo patrón de los pilotos!

Durante estas intensas explosiones de gozo solía dar gritos, se elevaba, flotaba de un lado para otro, e incluso bailaba. El libro sobre su vida que escribió el Padre Angelo Pastrovicchi parece a veces una "Comedia Divina". ¡Es muy divertido!

En una ocasión, José se encontraba en la iglesia de Santa Clara, en Cupertino, donde unas monjas iban a ser ordenadas. En cuanto el coro se puso a entonar la antífona ("voz que responde"), "Venga la Novia de Cristo", se le vio salir corriendo de la esquina en la que estaba arrodillado hacia donde estaba el confesor del convento, miembro de la Orden de los Reformados. Entonces lo agarró de la mano, lo alzó con poder sobrenatural y juntos bailaron en el aire. [7]

¡Suena a Mary Poppins! Creo que a Dios le gusta la comedia, si no que le pregunten al pobre Ezequiel.

Entonces vi algo que parecía un brazo. El brazo se extendió y me agarró por los cabellos. Entonces el Espíritu me levantó en el aire (Ez 8:3, ERV).

¡Historias increíbles! En los próximos años vamos a ver muchas de estas cosas tan divertidas, no todo tiene que ser serio. Algunas cosas son simplemente ¡para divertirse! Dios es un Dios glorioso (1 Ti 1:11).

La levitación no es un fenómeno exclusivamente católico. John G. Lake, el gran apóstol de la sanidad, fue testigo de ascensiones milagrosas en sus reuniones. Así lo describe él mismo:

Una de las tardes en las que estaba compartiendo, el Espíritu del Señor descendió sobre un hombre que estaba sentado en la primera fila. Se llamaba Dr. E. H. Cantel y era ministro de una iglesia en Londres, Inglaterra. Permaneció en posición sentada, pero se empezó a despegar de la silla, luego poco a poco volvió a descender para volver a ascender de forma gradual, esta vez un poco más alto, y de nuevo volvió a la silla. Esto se repitió tres veces. ¿Fue esto un fallo de la ley de la gravedad? No lo creo. Lo que sí creo es que su alma se unió íntimamente al Espíritu de Dios y que Su poder atrayente era tan intenso que le atrajo hacia arriba.[8]

El profeta Bobby Conner también tiene una historia divertida sobre la levitación. Bobby se encontraba en el extranjero, ministrando en una conferencia con miles de personas. Calculó mal la distancia del borde del escenario y pisó donde no había suelo. Sorprendentemente flotó en el aire. Alarmado, dio un paso atrás para volver a pisar el suelo del escenario. Más tarde, cuando Bobby le preguntó al Señor sobre el porqué de este milagro, Dios le dijo que lo hizo para que Bobby no pareciera tan estúpido. ¡Qué gracioso! ¡Esto es una verdadera amistad!

A nosotros también nos han pasado cosas divertidas con la levitación. Estaba en Melbourne, Australia, ministrando con Ian Clayton. Por la mañana, vi en la cara de Ian que esa noche había pasado algo especial. Otra vez Ian tenía esa mirada de eternidad. Nos contó lo que había pasado. Dijo que se había despertado en mitad de la noche y que su cama estaba flotando como a un metro del suelo. Estaba muy sorprendido. ¡Ian no tenía explicación para lo que había ocurrido!

Sea lo que sea que ahora pensemos sobre este tema, nuestra raza "KAINOS" acabará aprendiendo a levitar, y no sólo unos pocos sino TODOS. El futuro está escrito en la Biblia. Nos encontraremos con Jesús en el aire:

Pues el Señor mismo descenderá del cielo con voz de mando. ¡Tronar de Arcángel! ¡Toque de la trompeta de Dios! Los muertos en Cristo resucitarán primero. Luego los que estemos vivos, los que hayamos quedado, seremos arrebatados junto con ellos en las nubes para encontrarnos con el Señor. Por tanto, alentaos los unos a los otros

con estas palabras (1 Ts 4:16-18, MSG).

Eses será un día increíblemente feliz.

¡Nos vemos en las nubes!

SOBRE EL AUTOR

Justin Paul Abraham es un conocido podcaster y conferenciante internacional, a quien se le distingue por el gozo que contienen sus mensajes y por su visión alegre del Evangelio, así como por su perspectiva mística del mundo espiritual, de Dios y de toda la nueva creación KAINOS. Vive en el Reino Unido con sus cuatro hijos, Josh, Sam, Beth y Oliver, y su mujer Rachel Abraham, una persona muy inspiradora.

www.companyofburninghearts.com

SeraphCreative

Heaven's Heart for Earth

Seraph Creative es un colectivo de artistas, escritores, teólogos e ilustradores, cuyo anhelo es ver al cuerpo de Cristo alcanzar la madurez, y caminar en su herencia como Hijos de Dios en la Tierra.

Con la subscripción a nuestra carta de novedades tendrás información sobre las publicaciones más recientes, tanto de Justin Paul Abraham como de otros de nuestros inspiradores colaboradores.

Visita nuestra página:
www.seraphcreative.org